PRESEN

Marcelo Ramón Lascano ha ido de la economía a la historia con un enfoque personal. La base de su obra es la creencia de que, sin una recuperación de la memoria histórica, es imposible entender el presente y vislumbrar el futuro. No me corresponde, en esta presentación, extenderme en juicios personales sobre aspectos parciales de la obra. Ésta es la tarea que seguramente interesa al lector.

Sin embargo, debo afirmar mi opinión sobre la importancia decisiva de la pregunta que brota de su trabajo: ¿cómo reconstruir la República sobre una memoria histórica que rescate los valores necesarios para reinstalar la comprensión pacífica de esa identidad, esa "mismidad" en la cual todos los argentinos puedan encontrarse para enfrentar su presente y construir su futuro?

Desde esta perspectiva, Lascano debate apasionadamente con ideas, nombres y etapas y afronta textos, problemas y autores, desde los clásicos de la Historia hasta los testimonios de periodistas y opinadotes que reflejan la gravedad de los conflictos actuales. Tanto el estilo polémico como los severos juicios del autor deben admitirse en homenaje a la libertad intelectual que es inherente a la vida de la cultura. Pero, se compartan o no, los mismos responden a un sentimiento de noble indignación ante el fracaso de la Argentina actual y a la rebeldía natural que resulta de la postergación virtualmente indefinida de las posibilidades de alcanzar la grandeza y el esplendor en los cuales él cree.

Lascano busca explicarse por qué, con nuestros antecedentes históricos, hemos podido llegar a la crisis actual, una de cuyas características es, como el autor proclama, "la corrupción de la cultura y de la identidad nacional". Este tema no es ideológico sino eminentemente práctico, habida cuenta de que, si los argentinos no nos aplicamos a revertirla, esa debilidad espiritual amenazará "nuestra integridad como unidad política y social, además de perturbar y dificultar nuestra conveniente ubicación en el mundo".

Con esta obra, la pasión y la inteligencia de Marcelo Lascano nos conducen al núcleo de los grandes interrogantes argentinos. Quiero aquí ratificar mi gratitud por permitirme acompañarlo en esta nueva aventura intelectual. Lo hago con el afecto y la solidaridad del hermano mayor, nostálgico de tantos años de amistad e ilusiones largamente compartidas.

ENRIQUE ZULETA ÁLVAREZ
Mendoza, marzo de 2004

PRÓLOGO

Siempre tuve la idea de penetrar la historia argentina porque sospeché que su presentación carecía de sinceridad y, por lo tanto, sus fundamentos científicos resultaban cuestionables. Por supuesto, esta preocupación nació en mí cuando era muy joven, antes de ingresar a la universidad. Desordenadamente leí todo lo que cayó en mis manos. Jamás tuve la tentación de discriminar a los autores por motivos ideológicos o por preferencias partidarias. Eso me habilita a afirmar que la imparcialidad frente a los hechos ha sido, quizás inconscientemente, mi brújula. Me cautivó la lenta y gran majestad de la historia.

Éste no es el libro muchas veces pensado y todavía pendiente, que me lo debo y se lo adeudo a la sociedad argentina, que ha estado intelectualmente sofocada por las imposturas que han dominado la presentación de los hechos constitutivos de la nacionalidad y, por ende, formadores de nuestra identidad. A instancias de una conferencia concerniente al tema de la Argentina en el contexto de las irregularidades que pueblan su existencia debí encarar este, llamémosle con alguna licencia, ensayo.

El lector advertirá una buena, amplia y no arbitraria información bibliográfica, aun cuando no ésta no esté presentada como en los libros más elaborados, debido a la premura y a la necesidad de ofrecer un rápido y fundado pronunciamiento para contribuir a comprender, esclarecer, esta realidad dolorosa, inquietante y contradictoria que nos toca vivir. Ésta tiene poco que ver con nuestras posibilidades reales como nación que supo independizarse a partir de su propio esfuerzo y sortear exitosamente dificultades que no siempre se ventilan, para no modificar proceratos o difundir aspectos inconvenientes, según el espíritu maniqueo dominante a partir, sobre todo, de la batalla de Caseros.

El lector encontrará sorpresas; por ejemplo, descubrirá a Domingo F. Sarmiento, Juan B. Alberdi, José Ingenieros y muchos otros argentinos consagrados modificando sus opiniones sobre Juan Manuel de Rosas, o encontrará que los héroes formadores de patrias, y aun de imperios, se identifican o se parecen más a nuestros caudillos que a los doctores unitarios, cuyos valores intelectuales pueden ser indiscutibles como tales, pero que no les han servido para garantizar la unidad nacional frente a las perturbaciones internas, o para responder a las agresiones internacionales que han poblado la experiencia de la Confederación Argentina. No se busca reivindicar al Restaurador de las Leyes, tarea que encaró Martín V. Lascano en su *Don Juan Manuel de Rosas. Juicio reivindicatorio*, sino restablecer el equilibrio histórico en obsequio de la verdad objetiva.

No debe interpretarse como exagerada la afirmación de que Rosas, en ese contexto crítico, fundacional, fue el hombre indispensable en la historia para consolidar la nacionalidad. Las dolorosas expresiones del general Justo José de Urquiza pocos años después de la batalla de Caseros y los temores que lo acorralaron en el sentido de terminar peor que Rosas debido a las deslealtades de sus antiguos socios políticos, muestran la cruda, verdadera realidad, de una historia nacional urdida por intereses y no animada por la denuncia de la verdad imparcial.

Con su espontánea sinceridad, Sarmiento dio en el clavo cuando, frente a las cenizas recién repatriadas del Libertador (1880), se atrevió a decir: "La principal razón contemporánea para condenar a los grandes hombres es que la condenación de las grandes figuras absuelve y agranda a las pequeñas" (Patricia Pasquali, *San Martín confidencial*). Creemos que en las líneas que siguen se confirma la advertencia del sanjuanino, en muchos casos según el inapelable testimonio de enemigos y adversarios del gobernador de Buenos Aires y jefe de la Confederación Argentina.

Algunas comparaciones con el proceso formativo de la nación norteamericana, y los resultados que lo distancian del nuestro, permiten con suficiente espacio temporal abrir un juicio razonable sobre nuestro pasado, habida cuenta de que, con Benedetto Croce, toda historia es historia contemporánea, por eso siempre un interés presente nos compele a hurgar infatigablemente sobre ella.

Pero, al margen de ello, el gran interrogante sigue siendo por qué un hombre reputado como excepcional, a quien le tocó gobernar en circunstancias también excepcionales y apelando a los mismos remedios excepcionales que otros precursores de Estados han empleado discrecionalmente, ha sido entre nosotros tan alevosamente calumniado. Al estilo de George Orwell, parece el resultado específico de las manipulaciones históricas que acompañan a las transformaciones políticas. El drama es la perpetuación de las imposturas y sus consecuencias en la conciencia y en la identidad nacional.

Deseo subrayar mi reconocimiento a los doctores Rogelio Alonso y Arturo Ochoa, no sólo por sus generosas y desinteresadas colaboraciones y estímulo para concluir este trabajo, sino también porque son ellos quienes me han estimulado con paciente perseverancia para acometer la tarea cuyo resultado es este texto y cuyos contenidos, por supuesto, son independientes del limbo al que inevitablemente conduce la fidelidad al *conventional wisdom*. A José Luis Peco le debo interesantes ajustes y la renovación de mi interés por Ernesto Quesada. Como debe ser, quiero destacar que eventuales errores sólo corren por mi cuenta.

Por todo lo expresado, estimo que se debe afrontar el desafío de correr el velo que oculta, disimula, tergiversa el pasado, lo cual desemboca en una inaceptable, perturbadora fuente de corrupción que aleja a los argentinos de sus orígenes y explica, en gran parte, las confusiones del presente, la intolerancia y, peor aún, la falta de carácter y de imaginación para concebir una programa de vida convocante que recupere aquella identidad nacional extraviada, si no perdida. Ello no es fácil, por eso me permito recordar, con Virgilio, que *labor omnia vincit improbus*: el trabajo obstinado vence toda dificultad.

PRÓLOGO A LA SEGUNDA EDICIÓN

Razones de tiempo y de economía (editorial) me impelen a complementar algunos aspectos ya expresados en el texto, apelando a otro epílogo como heterodoxo vehículo para ese fin. No es nada. Lo importante es enriquecer los enfoques para esclarecer las cuestiones que me han ocupado durante el desarrollo del texto. Para ello, resultó de singular utilidad no sólo mi propia autocrítica, sino también la recepción de comentarios que hacen aconsejable volver sobre ciertos temas para dejar definitivamente resueltas las incógnitas que se han presentado.

Por las mismas razones de economía y espacio, me circunscribiré a tratar tópicos específicos relacionados con la gestión del Restaurador de las Leyes. La decisiva importancia que revisten amerita volver atrás con pruebas, testimonios o razonamientos esclarecedores. Parece indispensable y de utilidad actual correr los velos que han desfigurado la historia patria y que, como consecuencia directa e inmediata, han dificultado nuestra interpretación del pasado, así como identificarnos a nosotros mismos sobre bases ciertas —empeorando aún más el panorama—, y desdibujado nuestra identidad, todo lo cual puede haber obnubilado nuestras acciones políticas futuras con severo daño para el porvenir.

Quienes no entienden o creen que las imposturas históricas pueden resultar sustanciales para la cultura de una sociedad y para influir decisivamente en la suerte de una nación, deberían recordar un certero juicio de Juan Bautista Alberdi, que no sólo es revelador, sino que supone también una fuerte convicción: "La falsa historia es origen de la falsa política". Evidentemente, parece un axioma que, por definición, no exige mayores consideraciones.

Sería temerario pensar que el ilustre tucumano formuló la advertencia a favor del revisionismo histórico que después lo tuvo a maltraer. La verdad es que este insigne pensador, muchas veces de actitudes contradictorias, se reveló contra las desfiguraciones de actos, hechos y personas que tan generosamente han nutrido nuestro pasado, sobre todo después de Caseros. Alberdi conoció el paño y los entretelones de nuestra historia. Desde el temprano halago juvenil al sistema que caía en Caseros, hasta el reconocimiento que hace al régimen con motivo de su trabajo sobre los treinta y siete años transcurridos desde la Revolución de Mayo, aparecido en 1848.

La verdad es que, como han reconocido prominentes unitarios, las desviaciones sobre el pasado, inducidas unas veces por espíritu de partido y otras por mezquindades que no tienen otra explicación que torcidos propósitos, han terminado por dañar los intereses de una joven y promisoria República. Antes de Caseros, la Confederación Argentina había sabido conquistar una jerarquía internacional envidiable, pero obstinadamente ocultada para justificar la sublevación del general Urquiza y la constelación de fuerzas que lo acompañaron a un inmenso costo, en la medida en que, so pretexto de la libertad, supuso transar en materia de soberanía marítima, de desprendimientos territoriales, como en los casos de Paraguay, Uruguay y una considerable región de Bolivia, siempre en respuesta generosa hacia el gestor triunfal de la gran aventura: el Imperio de Brasil, a la sazón árbitro temprano y ascendente en la Cuenca del Plata. A todo esto no ha sido ajena la obstinación brasileña por la fidelidad a la geopolítica, su capacidad para explotar las debilidades morales de los unitarios estacionados en Montevideo, la codicia del general Urquiza y la perseverante tarea de su cancillería, siempre empeñada en expandirse a expensas de sus vecinos, según acredita la historia desde hace cuatro siglos. Aquí resulta oportuno recordar que la *Gazeta de Buenos Ayres*, tempranamente, el 7 de junio de 1810, denunció a los portugueses por transgredir el acuerdo de límites con España de 1804, con motivo de la ocupación de la banda meridional del Ibicuy.

El retorno voluntario de emigrados dos o tres años antes del Pronunciamiento que precede a Caseros, constituye una prueba irrefutable de que una vez superados exitosamente los conflictos internacionales con las grandes potencias de la época —Inglaterra y Francia— la normalidad institucional propia de tiempos de paz y el progreso se apoderaron del país, cuyo ascenso lo reconocerían inclusive cerriles adversarios. Caso contrario, no se puede entender que legiones de arrepentidos volvieran al solar natal para someterse a padecer vejaciones —que todavía circulan con curso legal—, para desmerecer una experiencia argentina que ha sido trascendental en la historia del siglo XIX.

En esa inteligencia, el epílogo que redacté para esta segunda edición circunscribirá los contenidos a pocos pero importantes aspectos del turbulento período rosista, turbulento, por lo demás, en toda nuestra América, en las potencias rectoras y en las regiones expuestas a sus apetitos imperiales. Nos ocuparemos de las verdaderas intenciones de los difamadores, muy bien expresadas por el diputado Nicanor Albarellos en el recinto bonaerense, en 1857, donde dijo, entre otras cosas, que la repartija de los bienes del depuesto no era una cuestión menor o indiferente.

El remanido tema del desinterés por la educación y la adulteración de esa realidad será refutado con breves pero sorprendentes comparaciones, formuladas en el debido contexto. La reiterada ventilación del drama de Camila O'Gorman ocupará también algunas líneas, pues resulta incomprensible que después de un rico proceso de esclarecimiento, en parte a instancias de una película donde la ficción supera escandalosamente la realidad, todavía se insista en la versión parcial e interesada de los emigrados de entonces, que, paradójicamente, son quienes pedían sanciones rigurosas contra la famosa pareja, para que rebotaran contra el gobernador bonaerense. Como no se puede ni es conveniente parcializar el pasado, vale la pena reiterar con Karl Jaspers que lo indispensable es "la totalidad de la historia para que nos suministre los módulos para poder entender (además) el sentido del acontecer actual". Por esto, es válido hurgar y denunciar vicios emblemáticos del silencio cómplice.

Cuando el tema parecía casi sepultado, la muerte de Facundo Quiroga reaparece para involucrar de alguna manera al Restaurador. Da la impresión de que después de abrumadores estudios que descartan responsabilidad alguna en el horrendo y trágico crimen, se abran sospechas sin el sustento enriquecedor de nuevos hechos y pruebas sobre todo confiables. No es el caso de clausurar definitivamente aspectos y procesos históricos, sino de abrirlos cuando técnica y documentalmente se justifica.

Finalmente, procuraremos contestar algunas subestimaciones sobre el personaje, como es el caso de Enrique de Gandía cuando define a don Juan Manuel como un "caudillo vulgar". No se entiende qué propósito puede animar a un hombre de su reputación semejante actitud desmerecedora, tratándose de un personaje cuyas cualidades de gobernante y de custodio de la soberanía nacional han sido reconocidas no sólo por sus enemigos, sino también por estadistas contemporáneos de su misma envergadura, según se puede leer en el texto. Por lo demás, un hombre vulgar no hubiera congregado a su alrededor a colaboradores sobresalientes como Manuel de Sarratea, Dalmacio Vélez Sarsfield, Manuel Moreno, Bernardo de Irigoyen, Carlos María de Alvear, Lorenzo Torres, Baldomero García, Eduardo Lahitte, Tomás de Anchorena, Feliciano de Cavia, José María Rojas y Patrón, Pedro De Angelis, y en su primera gestión (1829-1832) a don Manuel José García.

Respetado, calumniado, amado por las masas, Rosas, quiérase o no, representa una personalidad fundamental para la historia argentina. Su firme contribución a la unidad nacional e independencia de su patria no puede cuestionarse apelando a pretexto alguno, menos valiéndose de imposturas que si se podían consentir con alguna licencia en la arena política de su tiempo, resultan inadmisibles cuando se pretende su obstinada perpetuación, porque termina desfigurando la comprensión del pasado y dificultando la interpretación del presente. Cuando don Andrés Bello, esa eminente figura del siglo XIX, lo proclama "como gran americano", no hace otra cosa que ratificar una consideración cuyos alcances superaban nuestras fronteras. Obsérvese qué distinta es la actitud de los dirigentes chinos, los seguidores fieles de Deng Xiaoping, que, a pesar de haber clausurado la política y los métodos de Mao, no le niegan el reconocimiento que merece por su decisiva contribución a la unidad e independencia de China. Así lo reconoció el vicecanciller Zhou Wenzohoug en entrevista con Héctor D'Amico (*La Nación*, 20 de septiembre de 2004).

Agradezco sinceramente la generosa acogida que los lectores le han brindado a la primera edición de este trabajo y, por supuesto, a la editorial por su esmerada tarea técnica. Confío que esta nueva entrega con algunos agregados sirva para esclarecer aquellos aspectos que suscitaron dudas o controversias.

Buenos Aires, febrero de 2005

INTRODUCCIÓN Y ADVERTENCIA*

Este trabajo responde a la iniciativa del CIES (Centro de Investigaciones sobre Ética Social) dirigida a explicar en un seminario el tema de la corrupción de la cultura y su impacto sobre la identidad nacional. Según podrá deducirse de su denominación, se trata de un tema complejo, sensible, capaz de desatar pasiones y desacuerdos, sobre todo cuando su tratamiento se inscribe, como en este caso, en la historia argentina.

No es para menos. La Argentina, si se me permite el exceso, tiene dos historias. La oficial, de un lado, redactada a partir de mensajes de protagonistas y continuadores que muchas veces carecieron de la imparcialidad y perspectiva temporal suficiente para juzgar los hechos que los ocupaban y, del otro, la reacción del denominado revisionismo histórico, que, frente a muchas arbitrariedades, incógnitas y excesos diversos, buscó correr el telón para reivindicar la

---

* Las menciones bibliográficas por autor, sin identificación de los títulos que se citan en el texto, responden a las obras individualizadas en la bibliografía general. En cambio, las citas de trabajos no incluidos en la bibliografía general están acompañadas por los respectivos títulos para su correcta identificación. El objetivo es facilitar la lectura, teniendo en cuenta que se trata de un ensayo y no de un tratado.

verdad, ofrecer certezas y despejar el incómodo camino poblado entre réprobos y elegidos, según gustos y afinidades.

El revisionismo existe porque muchos aspectos de la historia argentina se ocultaron o interpretaron maliciosamente, no con el ánimo predispuesto a divulgar el pasado según criterios de fidelidad respecto de los acontecimientos ocurridos y su recta interpretación, sino con fines subalternos, como se deducirá de las páginas siguientes. El tema que inquieta al profesor Tulio Halperin Donghi no pasa, entonces, por tratar "de encontrar la clave de los problemas del presente en el pasado" —lo cual, a mi juicio, ayuda—, sino por conocer el pretérito sin arbitrariedades, es decir, tal como se presentaron los acontecimientos (entrevista de Julio Sevares, *Clarín*, 17-11-2002).

El hecho de que una suerte de discípulo del general Bartolomé Mitre, el doctor Adolfo Saldías, haya formulado hace más de un siglo el desafío más significativo que ha experimentado la interpretación sectaria del pasado, no constituye un testimonio menor del lamentable estado en que se encontraba la historia, por ejemplo, respecto de esa etapa fundacional que fue la Confederación Argentina.

Es cierto, la revisión disgusta y fomenta desencuentros. Pero ¿por qué todas las disciplinas aceptan pacífica y civilizadamente severos cuestionamientos a sus contenidos y entre nosotros ciertos intérpretes del pasado lo resisten? Esto es así porque, más allá de escuelas, doctrinas, criterios interpretativos, muchos acontecimientos pretéritos han estado, al menos en el caso argentino, expuestos a servir otros intereses que los que conciernen específicamente a la Historia.

Cuando uno revuelve el pasado enfrenta sorpresas, debe articular interpretaciones que no siempre son compartidas y, peor aún, casi con seguridad modifica las cosas de una manera que parece más razonable en función de la pruebas disponibles y las conclusiones resultantes de su análisis.

Los agravios y la discriminación que ha experimentado el revisionismo son incompatibles con el espíritu científico. La razón es bastante sencilla. La historia no tiene por qué carecer de flexibilidad. Sus investigaciones, logros y conclusiones deben estar permanentemente abiertos a las posibilidades que ofrecen nuevos elementos de juicio, susceptibles de fortalecer o de corregir sus hallazgos según el avance de otras ciencias que adquirirían así el carácter de disciplinas auxiliares.

Las impugnaciones al revisionismo que brotan desde las atalayas donde los enfoques tradicionales custodian celosamente sus líneas, tienen algunas debilidades. Desde el punto de vista metodológico, precisamente porque resisten casi por definición la autocrítica, que es esencial al espíritu científico. El silencio que ha rodeado a Adolfo Saldías, Vicente y —sobre todo— Ernesto Quesada, Vicente Sierra, Rodolfo y Julio Irazusta y sus novedosas interpretaciones sobre el pasado, es todo un testimonio de las actitudes refractarias que han nublado el pasado argentino y salpicado nuestra identidad.

El ocultamiento y la tergiversación de acontecimientos históricos constituyen, por su parte, dos gravosas debilidades que, cuando están acompañadas de interpretaciones torcidas, *contra natura*, o de silencios sospechosos, contribuyen a agudizar la crisis de la Historia. Entonces ésta transmite mal, corrompe la tradición y desorienta a la opinión pública, privándola de los elementos unitivos que la pueden proyectar al futuro con mayor solvencia, entusiasmo y seguridad.

No se trata de ser o no ser rosista o revisionista. Simplemente, se trata de buscar la verdad histórica en un difícil proceso de interpretación de los acontecimientos en el momento y en el lugar donde sucedieron. De lo contrario, como recordó Julio Irazusta en su ensayo sobre Rivarola, resultaría muy fácil ser liberal hoy en cuestiones de hace cien años.

La verdad debe brotar de los hechos y actos sinceramente comprendidos y no ocultados para justificar una versión final premeditada. Esto es independiente de la influencia ideológica de algunos autores afiliados a un materialismo histórico que Edwin Seligman (*An Interpretatation of Economic History*) supo muy bien delimitar hace un siglo.

Para descalificar a Rosas se ha usado y abusado de su carácter de rico terrateniente, omitiendo que amasó su fortuna desde muy joven a partir de sus reconocidas habilidades y perseverancia. Para peor, se han silenciado o negado sus aportes a la técnica de la administración agraria, como si ser eficiente en esa especialidad fuera un contratiempo. Me temo que la envidia, ese desgraciado fenómeno humano (más extendido en una parte de la latinidad, como sostuvo Gonzalo Fernández de la Mora en su exhaustivo libro *La envidia igualitaria*), tiene algo que ver con la interesada imagen que se ofrece del Restaurador.

Esa subestimación se ha visto ratificada entre nosotros por Rodolfo Puiggrós (*La herencia que Rosas dejó al país*) y se presenta atenuada medio siglo después en Lilia Bertoni y Luis Alberto Romero (*Los tiempos de Rosas*). Pero el colmo lo constituyen ciertas descalificaciones, por ejemplo, de James R. Scobie (*Argentina. A City and a Nation*) y, más recientemente, de Nicolás Shumway (*The Invention of Argentina*), quienes no retacearon admiración por los fundadores del Norte, casi todos, paradójicamente, involucrados en los mismos negocios agropecuarios que tuvieron como protagonistas a Rosas y a Urquiza, aunque este último siempre fue mejor tratado, a pesar de sus conocidas debilidades públicas y privadas.

Juan José Cresto confirma esa arbitrariedad al ocuparse en estos días del "País de los Parricidas" (*La Nación*, 18-12-2003). Cresto afirma que "en 1840 la economía saladerista no se resintió". Sin embargo, el bloqueo de 1838-1840 perturbó todo, incluidos los ingresos ganaderos y de la Aduana. Así expresada, la idea silencia lo fundamental: que las conmociones que se desencadenan en 1838 tuvieron detonantes nacionales e internacionales perfectamente identificados. Entre ellos, la prepotencia diplomática francesa; la agresión armada de su flota con la connivencia de los unitarios refugiados en Montevideo; la actitud de Juan Lavalle sirviendo intereses que no eran los de su patria y, en la misma atmósfera insurreccional, "los libres del Sur" que conspiraban jugando a la libertad y haciendo flamear la bandera sediciosa de revoltosos incompetentes.

Ahora bien, el hecho de que autores de diferente origen intelectual se hayan pronunciado en favor o demostrando comprensión respecto del dictador, no constituye un dato menor para entender "al hombre en su circunstancia". Marcos Merchensky dijo de Rosas: "Toda su gestión de gobierno se caracteriza por su labor positiva y concreta a favor de la unificación nacional, la defensa de las fronteras, el rechazo sistemático del enemigo exterior y la expansión económica" (*Las corrientes ideológicas en la Historia argentina*). Carlos Pedro Blaquier, por su parte, afirmó: "En realidad hay que esperar hasta la dictadura de Juan Manuel de Rosas para que [la] unidad se plasme de modo duradero (*Universitas* N° 56-57), y Rogelio Frigerio, desde otra perspectiva, agrega: "Rosas no es factor de desunión sino de síntesis; impone un orden al caos federal" (*El estudio de la Historia como base de la acción política del pueblo*).

Los que desentonan, como Juan José Sebreli, acusan a Rosas de violar todos los códigos. Este autor denuncia la adulación de las masas y afirma que "cerraba escuelas para mantenerlas [a las masas] en su estado de ignorancia, sumisas y fáciles de manipular" (*Crítica de las ideas políticas argentinas*). Incomprensiblemente, Sebreli reitera la leyenda negra sin reparar que toda la historiografía nacional y extranjera confiable reconoce inspiración presupuestaria en esas decisiones que son, además, explicables por la guerras internas e internacionales que debió emprender la Confederación, reitero, con la innegable participación de compatriotas desavenidos con el régimen.

Esas reflexiones, que podrían parecer prevenciones extemporáneas frente a realidades presentadas en forma casi irrevocable, tienen expresa confirmación nada menos que en palabras de Esteban Echeverría, a quien ni siquiera temerariamente se podría considerar reivindicador del régimen rosista, a la sazón en el gobierno. El 6 de abril de 1844 le confiesa a Melchor Pacheco y Obes desde Montevideo: "¿Qué dirá el porvenir de esas escandalosas falsificaciones de la historia y de los sucesos quotidianos [sic]? Costará mucho, amigo mío, serán precisos largos años de incesante labor, después que nuestro país se pacifique, para rehabilitarlo en la opinión de los otros..." (Carlos Marco, *Don Juan Manuel de Rosas. Sus detractores y sus panegiristas*, tomo I).

Fernando Sabsay ha publicado recientemente un exhaustivo trabajo denominado *Protagonistas de América Latina*. En él considera el protagonismo histórico de treinta figuras sobresalientes en esta parte del continente. Con respecto a la Argentina, incluye a José de San Martín, a Rosas, a Sarmiento y a Juan D. Perón. Bien, Rogelio C. Paredes comenta el libro (*La Nación*, 28-9-2003) y omite olímpicamente la mención del dictador, aun cuando adversarios como Sarmiento y Alberdi han reivindicado aspectos importantes de su gestión y a quien nada menos que Oswald Spengler denominó "poderosa figura de estilo prusiano" (*Años decisivos*). He aquí un ejemplo de lo que cuestionamos en este ensayo.

En un fragmento denominado El Sable, don Leopoldo Lugones, después de subrayar "la inmensa altura de Rosas" y de denunciar "veinte años de historia tachados cobardemente", refiriéndose a la Confederación Argentina, agrega una aleccionadora sentencia: "La gente unitaria ha seguido teniéndole miedo al hombre, hasta después de muerto, y se ha dado el elocuente caso de un cadáver dando miedo a la historia oficial de un pueblo [...] no han sido los historiadores los que se han callado, sino el cadáver que les ha impuesto silencio".

Como decía Miguel de Cervantes, la historia es testigo de lo pasado, aviso de lo presente y advertencia de lo por venir. Cualquier negación o adulteración de hechos, entonces, es perjudicial porque retacea fundamentos para esclarecer ese presente que muchas veces reclama causas explicatorias, sobre todo en momentos críticos. Tan es así que Benedetto Croce (*Filosofía práctica*) pudo afirmar "que toda verdadera historia es historia contemporánea [...] es evidente que sólo un interés de la vida presente puede mover a indagar allí un hecho pasado, el cual, entonces, en cuanto se unifica con un interés de la vida presente, no responde a un interés pasado, sino presente".

La condena definitiva, sin apelación, de la Confederación Argentina y de su titular, que es lo que subleva al revisionismo en general, tiene su flaqueza en la arbitrariedad, no porque transgrede la regla de Jacques Maritain (*Filosofía de la Historia*) cuando afirma "que ningún período de la historia puede ser absolutamente condenado", sino porque reposa en una sentencia cuya legitimación debió cambiar previamente los ejes de la política, de los valores, de la tradición, para ajustarlos, en definitiva, a las conveniencias de los ganadores de Caseros, que son los continuadores infatigables de la tradición unitaria.

Hago estas aclaraciones metodológicas porque la presentación de nuestra historia ha estado cargada de intereses ajenos a ella, según veremos en el texto que sigue a continuación. Ahora bien, en la medida en que queramos sinceramente torcer el rumbo, deberemos informarnos sobre quiénes somos y de dónde venimos.

El desafío no demanda complacencias sino rigor. Como supo distinguir Marcelino Menéndez y Pelayo (*Historia de los heterodoxos españoles*), imparcialidad frente a los hechos, parcialidad frente a los principios. Nuestra historia ha carecido de estos atributos. Ir recto a las cosas, según recomendación de José Ortega y Gasset (*Historia como sistema*) —que tan bien nos conoció—, no siempre parece la brújula útil para informar sobre el pasado. Por ello, cierta doctrina legítima o no encuentra explicación en actos de algunos que reprueba en otros. Eso es grave y forma parte de la explicación del desconcierto que la Argentina suscita en el mundo.

El enfoque que aquí presento está desvinculado de la adscripción a escuelas, lo cual, al ser ajeno a la profesión de historiador, me da una singular independencia de juicio y la absoluta libertad de no comprometer corrientes, maestros o grupos que eventualmente podrían influenciar o limitar mis conclusiones. En síntesis, me atuve a la metodología básica de Taine: "...como en todo lugar, la investigación de las causas debe venir después de coleccionar los hechos" (recomendación enunciada en su celebrada *Introducción a la Historia de la Literatura Inglesa*, publicada en 1864).

Los resultados pueden no compartirse, ser reputados erróneos, audaces o, si se prefiere, considerarse arbitrarios e incompletos. Lo acepto, pero como salvaguarda me escudaré en reiteradas comparaciones con los acontecimientos registrados en circunstancias parecidas en los Estados Unidos. A ello, por cierto, no será ajena la conducta de los protagonistas de la revolución norteamericana, sus preferencias intelectuales y rivalidades.

Pero también subrayaré que entre los padres fundadores del actual imperio, los conflictos personales, las diferencias de origen y de fortuna, no se han utilizado para implantar un catálogo histórico con rígidas fronteras entre buenos y malos, hechos destacables o arbitrariamente archivados, adulteración u ocultamiento de circunstancias. La historia norteamericana tampoco sirvió para bloquear inconductas o deslealtades que podían lesionar los intereses y el espíritu de la joven nación. Predominó la sinceridad.

Si no hubiera penetrado en los intersticios de la historia norteamericana y, en menor medida, incursionado en las audaces creaciones políticas de los constructores de las naciones de vanguardia durante los tres o cuatro últimos siglos, difícilmente habría podido adoptar un criterio rector para diferenciar los méritos y deméritos de nuestros próceres, a menudo zamarreados aquí, sobre todo cuando se los mide con un patrón objetivo, incuestionable como es el resultante de compararlos con sus equivalentes, contemporáneos o no.

Si uno observa cuáles son los temas y los acontecimientos que en la historia sirven para encumbrar a sus grandes protagonistas, advertirá que no son esas cuestiones menores que muchas veces acogen legítimamente las novelas evocativas de tiempos, personas y circunstancias. Lo que cuenta, en definitiva, son los grandes rasgos de una conducta, la capacidad de realización de hechos extraordinarios, cuyos resultados marcan logros duraderos, y en política, las conquistas dirigidas a afianzar los intereses de una nación y preservarlos y potenciarlos para el porvenir.

En esa inteligencia, la doctrina universal ha subrayado la fundación de Estados; la recuperación de territorios usurpados por otras potencias; la consolidación en un espacio geográfico expuesto a la codicia de terceros; la reivindicación del honor nacional mancillado; la implantación de un sistema nacional que contemple las diversidades culturales y regionales; la recta distribución de los poderes; el bien común del consorcio político, es decir, todo lo conducente para que un país se identifique con perfil propio ante el mundo y cumpla en éste su misión, como puntualizó Georg Friedrich Hegel.

Para historiar a Rosas, en cambio, se modificó el método, diría Jaime Balmes (*El criterio*). En efecto, se dejó de lado la realidad y se "fabricó" una conveniente pero, en el fondo, embustera verdad. Por eso resulta grosero que se repruebe en él lo que en otros jefes de Estado en parecidas circunstancias se reputa consagratorio. Ha faltado la comprensión esencial al juicio histórico, según aclara José Luis Peco siguiendo a Wilhelm Dilthey y a Ernesto Quesada (E. Quesada, *Un historiador olvidado*).

En esa diferenciación de jerarquías de objetivos y logros yace, en gran parte, la distancia, a veces formidable, entre unitarios y federales. Éstos han estado más comprometidos con la conquista y conservación de un escenario donde gobernar independientemente de tutelas para, recién entonces, ir articulando un sistema político nacional, prescindente de ideologías o dogmas extraños, es decir que no broten de la misma sociedad.

El tema del espacio fue siempre vital para los federales. Parecían condicionados por definiciones geopolíticas precisas, animados por la previsión enunciada por Montesquieu. El espacio es destino, según el pensador, luego el alma de una nación cambia "en la misma proporción en que su extensión aumenta o disminuye, en que se ensanchan o estrechan sus fronteras", recuerda Julio Londoño en su trabajo *La visión geopolítica de Bolívar*.

La rapidez con que, después de Caseros, se aprueban los tratados suscriptos el 10 de julio de 1853 con Gran Bretaña y Francia sobre libre navegación de los ríos demuestra, inobjetablemente, que el espacio para los unitarios jamás constituyó una prioridad nacional, como lo fueron las definiciones estratégicas de Chile y el Brasil para circunscribir la cuestión a la región. Es conocida la posición de Sarmiento sobre la Patagonia, pero menos la de Alberdi, quien ha llegado a sostener su carácter de *res nullius* reconociéndole escaso valor y utilidad en 1872, en una atmósfera de conflicto con Chile (Mariano W. Cardozo, "Alberdi en las Bases de la Disolución Nacional").

Brasil sacará formidable provecho de estos "descuidos" argentinos. Por eso pudo decir recientemente el representante de Itamaraty, José Botafogo Gonçalvez, que recién después de Caseros y de la guerra de la Triple Alianza pudieron normalizarse las relaciones (*Archivos del presente*, septiembre de 2003).

Se comprende. Rosas no aflojó en las pretensiones hegemónicas y menos en el tema de las vías navegables, ni en la independencia de Uruguay y Paraguay, como seguramente hubieran hecho los Estados Unidos en circunstancias parecidas. Resulta sorprendente que muchos autores no hayan entendido todavía el significado geopolítico de Caseros y de la "manifiesta importancia del Río de la Plata, bajo un punto de vista comercial", como lo observó tempranamente Woodbine Parish en *Buenos Aires y las Provincias del Río de la Plata*.

Los unitarios, en cambio, como sucedió con los rivadavianos, subrayaron a rajatabla la prioridad de encarar reformas institucionales, aunque no siempre fueran compatibles con los hábitos sociales o aun si las oportunidades eran adversas para encararlas. La indiferente conducta de los directoriales con San Martín y Belgrano en momentos decisivos de la lucha por consolidar la independencia no hace más que confirmarlo. Con Rosas, en cambio, "se produjo cierto movimiento de progreso sobre el cual las generaciones posteriores pudieron construir" (H. S. Ferns). Vale la pena subrayarlo.

Entretenidos en cuestiones internas y en proyectos inoportunos, los unitarios han hecho peligrar el proceso emancipador, como si éste fuera una cuestión de segundo orden. Según Ferns, la ley del 28 de febrero de 1822 cuyo objeto era "disolver el ejército" demuestra la inoperancia del grupo. Los arrebatos constitucionales de 1819 y de 1826 y sus previsibles resultados, por ignorar los conflictos subyacentes confirman, como diría el famoso doctor Samuel Johnson, "el triunfo de la esperanza sobre la experiencia". Después de tanta fantasía, el Congreso, dominado por sus partidarios, aceptó por 48 votos sobre 50 la renuncia de Rivadavia.

Si esa comparación de objetivos, de sentido de la ocasión y de estilos es válida, se asegura un enfoque crítico imparcial donde el régimen federal parece mucho más realista. Es, como dijimos, un problema de prioridades. Los intentos de reforma que distinguieron a los unitarios en la etapa formativa de la nación argentina podrían ser teóricamente incuestionables, aunque las provocaciones religiosas resultaban abiertamente inconducentes si profundizaban conflictos en momentos difíciles.

El problema es que ciertos enfoques resultaban quiméricos si, en obsequio de los mismos, se abandonaban la consolidación de la independencia, la suerte de las tropas de las cuales dependía la indispensable unidad nacional y el destino de los proyectos patrios. Mientras muchos unitarios desafiaban impertinentemente el orden religioso, en los Estados Unidos, en parecidas circunstancias, Benjamin Franklin abogaba por algún *moral revival* compatible con las trece virtudes que le agregaron celebridad (N. W. Brands, *The First American. The Life and Times of Benjamin Franklin*).

Ni George Washington al comienzo, ni Abraham Lincoln casi un siglo después del desafío a Jorge III, Rey de Inglaterra, vacilaron entre las reformas que los entusiasmaban o el triunfo de las armas cuando el escenario nacional tambaleaba. Primero se imponía la afirmación de la unidad nacional, como parece aconsejar la mínima lógica política. El desafío resultó tan claro e inobjetable que John Marshall, *chief justice* entre 1801 y 1835, llegó a afirmar que "la constitución [de los Estados Unidos] es un instrumento de unidad y de seguridad nacional". Esto es lo que, como método, animó a los federales, con Rosas a la cabeza, al menos mientras la pacificación del país tuviera estatus de cuestión pendiente. Nunca debería olvidarse que desde la agresión de una nave estadounidense a las islas Malvinas en 1831 hasta Caseros, en 1852, el país estuvo envuelto casi sin interrupción en conflictos internos e internacionales de envergadura no repetida después.

Si esa circunstancia que ha dificultado el proceso político se omite, como se ha hecho, o a pesar de su dramatismo se subestima a la hora de hacer historia, los resultados serán desafortunados. Que las interpretaciones arbitrarias hayan abonado el terreno en tiempos duros y en medio de desgarradores conflictos podría llegar a entenderse, pero es inadmisible que las ficciones y las adulteraciones de acontecimientos lleguen a la posteridad por imperio de criterios maniqueos, oblicuos, que por definición son perversos.

El hecho significativo de que durante el cuarto de siglo que transcurre entre el 25 de mayo de 1810 y el otorgamiento a Rosas de la suma del poder público en 1835, el Poder Ejecutivo, incluyendo jefes de cuerpos colegiados, haya consagrado veinte titulares, confirma al Restaurador como el hombre indispensable para circunstancias excepcionales. Luego, con Emilio Ravignani, puede identificárselo como un legítimo magistrado nacional, delegado por las provincias sin atribuciones fijas y sin límite de tiempo, lo cual configura el antecedente presidencial finalmente consagrado en la Constitución Nacional, recuerda Julio Irazusta en su discurso de incorporación a la Academia Nacional de la Historia en 1971.

El caso de la emigración sirve para confirmar tan categórico juicio. Se adjudica la responsabilidad del fenómeno casi exclusivamente a Rosas. Empero, la misma empieza a registrarse a comienzos de 1829, encabezada por Rivadavia, Julián Segundo de Agüero, Salvador María del Carril, los hermanos Juan Cruz y Florencio Varela y otros unitarios importantes, inducidos, seguramente, por los extravíos que habían provocado desde 1828 con la insurrección de Lavalle y sus terribles consecuencias institucionales. Aquí es dable recordar que Rosas asumió en diciembre de 1829, elegido en la Legislatura por 33 votos sobre 34. Elección indirecta, es cierto, como en los Estados Unidos contemporáneamente.

Sarmiento recién emigró a Chile en 1840, en apariencia sin que mediaran violencias contra él, a pesar de la situación bélica dominante en ese momento: insurgencia de los libres del Sur, bloqueo francés y acoso de los unitarios en connivencia con la potencia europea. Dalmacio Vélez Sarsfield, por su parte, emigró en 1842 —año de máxima tensión— porque se sintió perseguido, aunque afirma Alberto González Arzac (siguiendo a Abel Chaneton) que volvió "para poner su talento de jurista al servicio del país, no de Rosas" (*La enseñanza jurídica en la época de Rosas*).

La forma como se presenta el tema de la Constitución, de la educación, de la cultura, de la libertad en general durante la Confederación, avala esa interpretación. Las carencias presupuestarias en educación han estado estrechamente vinculadas con guerras y bloqueos internacionales contra el país (dos mil días) y no han respondido a definiciones políticas, según estudios de Jorge Ramallo y Carlos Newland. John Lynch asegura que la enseñanza "de ninguna manera quedó extinguida", aunque sufrió penurias.

Los reclamos de la Confederación sobre las Malvinas,

el Paraguay y Tarija eran parte del enfoque educativo que, asimismo, contemplaba la recuperación de espacios territoriales para instruir a la juventud y aportar antecedentes a la formación de una conciencia nacional en el alumnado; para el régimen, eso era esencial para llegar a configurar definitivamente una nación todavía en esbozo.

El cierre de la Universidad porteña encuentra la misma explicación, y no se debió a arbitrariedades políticas ni se basó en el pretexto de la "deficiente" formación que recibieron los futuros pensadores, encabezados por Alberdi. El cierre de la librería de Marcos Sastre (1838) no se produjo por presiones del régimen; fue resultado de la quiebra de su dueño, decretada judicialmente. En 1849, Sastre volvió y se puso al servicio del gobernador Pascual Echagüe. Las dificultades de José Rivera Indarte en la Universidad no responden a la perversión intrínseca del régimen; fue expulsado por una falta infamante, como ilustra Dardo Corvalán Mendilaharsu (*Rosas, el Chacho, Quesada*), lo cual cambia la leyenda de manera radical. Vicente F. López, en sus *Memorias*, detestó sus extravíos.

Entre 1830 y 1850, con las interrupciones lógicas frente a calamidades, la vida cultural, incluido el teatro, ha tenido registros sorprendentes. Obras de autores clásicos anglosajones y españoles poblaban las carteleras, al igual que la organización de actividades populares en barrios y arrabales de Buenos Aires. El Teatro de la Victoria se inauguró en 1838. Se ha criticado, con razón, la baja calidad de algunas traducciones de obras clásicas anglosajonas y francesas a la sazón en exhibición, pero convengamos que no se trata de algo nuevo en las expresiones estéticas argentinas.

La proliferación de diarios testimonia la actividad periodística cotidiana. El caso Camila O'Gorman, aunque se lo presente de otra manera, además de dramático fue un asunto policial. En la fuga con el sacerdote Uladislao Gutiérrez medió un acto de robo sacrílego que estaba sancionado con pena de muerte, y la sociedad demandó el castigo ejemplar, al igual que prominentes unitarios que aprovecharon la ocasión para vociferar, sobre todo desde Chile, acerca de la vida licenciosa en Buenos Aires. No se trató de sujeción a la Iglesia católica, como podría desprenderse de comentarios de Ferns en los que hace aparecer a Rosas como gaucho que "construyó iglesias y perduró". El autor se olvida de la expulsión de los jesuitas en 1843 y de otros conflictos con el Vaticano en resguardo de la independencia nacional, ello aun cuando, según el mismo Rosas, se definía como "católico y apostólico" pero no romano.

Sobre este episodio, vale la pena recordar que Rosas siempre afirmó que nadie había pedido por Camila y su pareja y que el Gobernador asumió toda la responsabilidad de la dramática decisión. Las ofensivas de la Mazorca en 1840 no pueden desvincularse del avance insurreccional de Lavalle en el litoral y de su retorno al país en buques de guerra franceses que estaban guerreando contra Buenos Aires, o más bien, contra la Confederación. Los unitarios han minimizado estos atropellos, y algunos respetables historiadores también, calificándolos de avatares políticos en vez de afrentas contra la integridad nacional (Félix Luna, *Cultura y población desde la Independencia hasta el centenario*). En esta inteligencia, la inscripción que reza "muerto por la libertad (1841)" no parece la más adecuada para homenajear al "libertador y mártir" en la porteña plaza Lavalle.

Para responder las denuncias de desamparo que siempre aparecen, es bueno recordar, con Luis María y Martín Miguel Nolfi, que, por imperio del decreto fechado el 29 de diciembre de 1829, Rosas estableció la designación de un funcionario denominado Defensor General de Pobres y de Menores, y que al año siguiente se agregó un agente letrado para que se expidiera en las causas civiles y criminales que involucrasen a esclavos y pobres, según registra el Tratado de Procedimientos Civiles publicado en 1850 (diario *La Ley*, 23-5-1996).

Ahora es pertinente formularse un pregunta. Si las inconvenientes condiciones culturales que denuncia la historia oficial fueran ciertas, ¿cómo es posible que los partidarios y enemigos del régimen exhibieran tan significativo nivel intelectual?, a punto tal que toda la dirigencia, casi hasta el Centenario, abrevó en esas mismas fuentes. Vale la pena buscar alguna respuesta. Julio Irazusta siempre sostuvo que las impugnaciones al régimen que encarnó Rosas fueron el resultado de descalificar sin estudio las circunstancias dominantes debido a la hegemonía de los prejuicios, entre otras cosas.

En sus *Consideraciones sobre la historia política argentina*, Carlos Pedro Blaquier recuerda al pasar la dureza del régimen, pero sin subrayar las dificultades bélicas del contexto. Los "métodos sanguinarios" que menciona deben vincularse a las asonadas de 1840 y suponen sanciones por la connivencia de nacionales con el invasor extranjero y no una predisposición natural del régimen. Durante la Segunda Guerra mundial, y antes, durante la Guerra de Secesión (1861-1865), los Estados Unidos desarrollaron sistemas discriminatorios para garantizar la seguridad nacional, y nadie lo objetó porque era una incontrastable realidad. Normalizada en 1845 la situación en el Plata, el gobierno, como era lógico, empezó a reintegrar la propiedad confiscada, según reconoció también John Lynch.

La hegemonía del espíritu de partido para examinar la historia y ajustarla a otros cometidos llegó a desestimar la honradez del Restaurador, desmentida, entre otros, por José A. Terry y José M. Ramos Mejía; también negó su predisposición a las armas en los primeros conflictos patrios. En el legajo militar que publicó Rosa Meli consta que entre 1806 y 1807 Rosas se registró en el servicio activo aun cuando tenía trece años de edad. Se reincorporó luego, a partir de la anarquía de 1820, e intervino regularmente hasta 1840 (Legajo militar del brigadier general Juan Manuel de Rosas).

La entrega de las islas Malvinas al usurpador británico a cambio de la cancelación del empréstito Baring constituye otro eslabón de la cadena de difamaciones. En su obra *Manuel Moreno* (que por entonces fue representante en Londres, durante más de dos décadas), Marcial I. Quiroga, menciona que la transacción no "tenía probabilidad de ser practicable" porque suponía el reconocimiento inglés de la soberanía siempre negada con pretextos legales y seguramente se traduciría en la necesidad de negociar las indemnizaciones que reclamaba la Confederación desde la usurpación en 1833. Ferns agrega que entre los "documentos del Foreign Office no hay ninguno que [...] pruebe" el ofrecimiento de marras.

Alfredo Burnet Merlin (*Cuando Rosas quiso ser inglés*) denuncia la supuesta anglofilia de Rosas y cae en las mismas desestimaciones que los adversarios contemporáneos del Gobernador. Como Andrew Graham-Yooll, debemos distinguir el respeto y la consideración recíproca que observó con los dignatarios ingleses de lo que serían sumisiones que no se infieren de la realidad o que carecen de respaldo documental. En las circunstancias críticas en que se debatía el país entonces, este autor reconoce en Rosas a "un hombre de fuerza e inteligencia desconocidas", que "necesitaba tener como aliada a una nación que era una de las primeras potencias del mundo" (*Así vieron a Rosas los ingleses*), vale decir, apelando a un método repetido en la experiencia para fortalecerse y construir su proyecto nacional.

Más claro, Ferns no ve simplemente anglofilia. De las distintas actitudes de Rosas parece deducir "la intención de dividir a los británicos y de separarlos de los franceses", lo cual era lógico en la medida en que semejante coalición resultaba virtualmente invencible. Por sus diplomáticos, Rosas sabía que en los respectivos parlamentos se veía con malos ojos una aventura colonial extravagante, injusta y costosa, que no terminaba por definirse y, para colmo, era cuestionada por sobresalientes políticos y, como se verá, por la prensa mundial.

Algo debe haber de positivo en el largo período para que don Juan Bautista Alberdi, un reconocido adversario del dictador, haya declarado sin disimulo poco tiempo antes de Caseros: "No me ciega tanto el amor de partido para no conocer lo que es Rosas bajo ciertos aspectos. Sé, por ejemplo, que Simón Bolívar no ocupó tanto el mundo con su nombre como el actual gobernador de Buenos Aires; sé que el nombre de Washington es adorado en el mundo pero no más conocido que el Rosas; sería necesario no ser argentino para desconocer la verdad de estos hechos (el triunfo diplomático por el bloqueo conjunto de Inglaterra y Francia) y no envanecerse de ello" (José Luis Busaniche).

La lógica política de Miron Burgin se mostró, por su parte, también inobjetable respecto del comportamiento del Gobernador de Buenos Aires cuando observó que, "a diferencia de los unitarios, Rosas reconoció formalmente el principio de la autonomía política y económica de las provincias, y tuvo además buen cuidado de dejar abierta la puerta para solucionar en alguna oportunidad futura el problema constitucional" (*Aspectos económicos del federalismo argentino*).

Burgin entendió que las condiciones no parecían las adecuadas para adoptar una decisión de semejante envergadura, que habría profundizado las brechas existentes y distraído al país en medio de conflictos donde se jugaba la supervivencia de la Confederación. Por eso, el prólogo de Beatriz Bosch a esa obra denuncia su incomprensión del tema de fondo; de lo contrario, no caería en la vulgaridad de llamar al Gobernador de Buenos Aires "fugitivo de Monte Caseros", cuando ha sido sobreseído de varias falsedades que parecen implícitas en la calificación.

En homenaje a la verdad, me gustaría hacer mía la opinión del profesor Enrique Zuleta Álvarez cuando interpreta a tantos hombres sobresalientes que con luz propia han iluminado nuestro firmamento y con generoso espíritu reconoce que, durante décadas, a veces trágicas, han luchado por ideales que pueden o no compartirse pero que suponen una entrega y un patriotismo admirables, sobre todo cuando han ido ajustando sus ideales en función de las realidades que les tocó vivir.

Según se verá, algunos juicios tempranos de Alberdi y de Sarmiento —más tardíos— sobre Rosas y su tiempo permiten cierta reconciliación y reconocimiento hacia ellos, entre otros personajes más amigos de la verdad, es decir más capaces de comprender las circunstancias que informan el devenir histórico. ¿Pero la convicción de los deudos y la resistencia de ciertos intereses creados son invulnerables al nuevo estado de cosas que, desde una nueva perspectiva, ilustra mucho mejor el pasado?

El general Mitre siguió refractario y siempre negó valor alguno a la gestión del Gobernador de Buenos Aires, aun cuando su estampa, como reconoció Alberdi poco antes de la caída del régimen, había invadido la prensa mundial y cosechado elogios significativos de grandes figuras de la política internacional. El "Odio a Rosas..." expresado después de Caseros por el General es recordado por Cresto en *La correspondencia que engendró una guerra,* y me parece que tiene que ver con desventuras personales y familiares.

Cuando la familia llega al Uruguay en 1833, Mitre tenía doce años. El entonces presidente y "ex oficial al servicio de Brasil" (Ferns) Fructuoso Rivera designa al padre de Bartolomé, Tesorero General de la República, cargo que mantiene hasta 1836 —a pesar de que el mandato había expirado dos años antes—, cuando Manuel Oribe lo reemplaza, tal vez debido a las simpatías unitarias del funcionario (José S. Campobassi, *Mitre y su época*). Sobrevinieron entonces dificultades personales, es cierto, como les sucedió a muchos nativos y expatriados, pero no persecuciones. Eso no basta para hacer historia.

Regresemos ahora al tema principal. Se suele asociar la corrupción con transgresiones o fracturas de reglas jurídicas, religiosas o morales más o menos arraigadas y aceptadas. Esta interpretación del fenómeno es correcta, inobjetable. Empero, si bien la corrupción puede responder a espontaneidades repetidas y generalizadas que podrían desembocar, por ejemplo, en decadencia, el fenómeno también puede aparecer como consecuencia de aspectos más sutiles en el obrar humano, como las imposturas, generalmente orientadas a conseguir fines específicos, rara vez transparentes.

Este ensayo tiene por objeto reflexionar sobre la cultura y la identidad nacional como expresiones utilizadas para reconocer una sociedad con perfil propio, en este caso, la nuestra. Como corresponde en el mundo científico, lo primero que exige el desafío de abordar el tema es definir algunos conceptos para evitar desarrollos sobre meros supuestos que pueden confundir o agudizar los equívocos que pudieran existir.

Estas incursiones pensadas por alguien que no es teólogo, filósofo, sociólogo o filólogo, se justifican debido a la malsana atmósfera cultural que nos embota y que distorsiona hechos históricos y valores que le restan transparencia y certeza a la identidad nacional. El enfoque que aquí se presenta es más amplio porque el tema ha sido tratado, generalmente, desde perspectivas distintas e independientes entre sí, no vinculantes, lo cual le ha restado una interesante amplitud al tópico, sobre todo desde el punto de vista del conocimiento práctico.

En otra ocasión me atreví a encarar la cuestión de la identidad vinculándola con nuestro acontecer histórico, por entender que el mismo, por definición, es cultural en tanto y en cuanto, nos guste o no, somos producto de la evolución de nuestra historia patria (Marcelo Lascano, *La economía argentina hoy*). Ésta, con sus luces y sombras, está firmemente inscripta en el pasado como sucesión de acontecimientos, gratos e ingratos, que han servido para formar nuestra personalidad individual y colectiva actual.

DEFORMACIONES DE LA CULTURA A TRAVÉS DE LA HISTORIA

Permítasenos pensar que la cultura de un pueblo es inseparable de la forma de desarrollar y defender sus tradiciones, de llevar adelante sus proyectos, de preservar y de perfeccionar sus hábitos sin violentar su lenta maduración, como testimonio de prácticas que se transmiten entre generaciones y dan lugar a una inconfundible manera de ser, espontánea, no negociable y entrañable hasta los extremos de llegar al heroísmo cuando las acechanzas lo reclaman.

Ahora bien, la corrupción de la cultura se presenta, a mi juicio, cuando los valores y las tradiciones, en su sentido más amplio, se tergiversan o adulteran por razones ajenas a la natural, pacífica evolución de la sociedad y de su conocimiento de sí misma. Cuando esto sucede se lesiona y confunde la identidad, que es la que marca, individualiza, unifica la personalidad de una nación (lo cual no quiere decir unanimidad, uniformidad, sino más bien unidad en un contexto de equilibrada diversidad).

Me adelanto a sostener que las imposturas históricas inducidas por las ideologías que de manera mezquina han inundado durante generaciones nuestras mentes, constituyen una importante causa, o mejor aun, concausa, de nuestra precaria o débil identidad nacional y configuran una incuestionable señal de corrupción, cuyas consecuencias degradantes no son menores si observamos las seculares muestras de fragmentación que sofocan nuestro experimento nacional.

El ocultamiento del pasado, las modificaciones a designio en la presentación e interpretación de los acontecimientos fundamentales de la vida de la nación, han terminado no sólo por distorsionar nuestra óptica, la imagen de nosotros mismos, sino también por dificultar la recta identificación de nuestros orígenes, negándonos, a la vez, la perspectiva imparcial, necesaria y objetiva para operar satisfactoriamente en el presente y sobre el futuro. Esto es grave. Según Milan Kundera, las adulteraciones sirven para "quitarles la memoria" a los pueblos; "se les da otra cultura y les inventa otra historia" (Enrique Díaz Araujo, *Don José [San Martín] y los chatarreros*).

Las distorsiones resultantes de esos desvíos pueden llegar a bloquear la imagen exterior del país y la comprensión misma de nuestro ser. En sus célebres *Ensayos sobre historia económica argentina* (1970), Carlos Díaz Alejandro, de la Universidad de Yale, afirma que entre 1810 y 1860 "el crecimiento argentino se vio obstaculizado no sólo por la intranquilidad política y un declinante mercado de cueros, sino también por la política de Rosas [...] que miraba con desagrado la influencia extranjera en la vida argentina".

Ese enfoque, definitivamente parcial y equivocado, como se verá, es patético. Un intelectual insospechado de parcialidades cae víctima de la versión oficial de la Historia. Para silenciar o salpicar a Rosas, la historiografía tradicional ha hecho esfuerzos tan considerables por ratificar la versión interesada del pasado argentino que logró extraviar el juicio de un investigador de envergadura. De otro modo, Díaz Alejandro no habría podido omitir la decisiva influencia de las guerras internacionales en el desempeño económico nacional de entonces, o logros productivos reconocidos e incuestionables. Es que esas omisiones y subestimaciones de ese tipo están presentes en una abundante bibliografía.

Se excede Sarmiento cuando afirma que "Derrotado Rosas, no dejaba ninguna institución, ningún poder, nada quedaba en pie sino esos gobernadores de provincia, semibárbaros todos y asesinos y ladrones en su mayor parte" (citado por Juan José Cresto, en *La correspondencia que engendró una guerra*). Como veremos, la gestión de Juan Manuel, en realidad, fue otra cosa; así lo reconoció el propio sanjuanino en el *Esbozo de biografía de Dalmacio Vélez Sarsfield*, escrito varios años después del comentario de marras, producido durante la presidencia de Nicolás Avellaneda y que responde al testimonio de su hermano Marco, registrado epistolarmente con fecha 31 de julio de 1892.

La dictadura y su personaje central (ambos consecuencia de los abusos unitarios, diría Taine limitándose a los hechos) dejaron un acuerdo preconstitucional, el Pacto Federal (1831); la conquista del desierto (1833) que, además de haber permitido rescatar unas mil quinientas mujeres cautivas de los indios (Parish, ob. cit.), abortó un intento chileno de ocupar Neuquén y, eventualmente, quedarse, cuando sus fuerzas efectuaban incursiones en nuestro territorio so pretexto de perseguir a indios transgresores. La ocupación de esos territorios constituyó un hito geopolítico después de los conflictos de 1820-1824. "Rosas fue un completo maestro en el manejo de las difíciles relaciones de frontera" (Osvaldo Barsky y Julio Djenderedjian, en *Historia del capitalismo agrario pampeano*, tomo I).

Un programa económico como el que se deduce de la ley de Aduanas (1835); la Casa de la Moneda (1836) que reemplazó al Banco Nacional cuando expiró legalmente el plazo y que, a juicio de profesor Juan Pablo Oliver, constituyó uno de los primeros bancos estatales del mundo; junto con sanas reglas de administración presupuestaria, no son innovaciones menores en el convulsionado contexto de la Confederación. En 1839 se ratificó con Londres la abolición de la trata de esclavos, aunque después de Caseros se burló la disposición frente a la solicitud de Brasil de entregar esclavos evadidos.

Contrariamente a lo que se deduce de las afirmaciones del profesor Roberto Cortés Conde cuando sostiene que el préstamo de Baring Brothers (1824) no se satisfizo hasta 1857 (*La Nación*, 28-9-2003) —debe referirse a la reanudación de las negociaciones—, es oportuno recordar, con Horacio Cuccorese y José Panettieri, que la administración rosista transfirió en concepto de servicios 5.000 pesos en metálico mensuales entre mayo de 1844 y octubre de 1846, afirmación que también abona la profesora Elena Bonura en sus innumerables trabajos sobre la época, al igual que Woodbine Parish en la obra citada. La interrupción de los servicios debido a los bloqueos le sirvió a la administración para enfrentar al gobierno de Su Majestad con acreedores ansiosos por cobrar las acreencias pendientes, pericia del embajador Manuel Moreno mediante.

En materia judicial, Rosas abrió precursoramente el antecedente de lo que sería la futura justicia federal (1835) para juzgar crímenes y delitos de repercusión nacional, como fue el caso del asesinato de Facundo Quiroga, ocurrido poco tiempo antes de que aquél asumiera su segunda gestión. La afirmación de Marcelo Moreno en su obra *Contra los argentinos* es incorrecta, porque entiende que Rosas sólo quería la entrega de los malhechores absueltos en Córdoba para prestigiarse sacando provecho del *show*. Se trató de un acontecimiento extraordinario y de fatales consecuencias. Tras ciento veinte años de existencia de la Procuración del Tesoro, el doctor Rodolfo S. Follari incluye ilustrativos antecedentes sobre la evolución judicial de entonces.

En términos económicos y en medio de las dificultades insuperables que caracterizaron el período, fue dable advertir progresos en diversos frentes. La disciplina fiscal y monetaria constituyó una definición programática, según reconoció el mismo Alberdi inmediatamente después de Caseros. Ciertamente, el estado de conmoción interior y los conflictos internacionales dificultaron la administración financiera. Los bloqueos redujeron los ingresos de la Aduana y restringieron necesariamente los gastos, salvo, como es lógico, los vinculados a la defensa, pero, con Tucídides, debe recordarse que los financiamientos bélicos son las hemorragias económicas inherentes a las guerras (*Guerra del Peloponeso*).

Resulta incomprensible que un economista de la singularidad de Raúl Prebisch, en su *Historia monetaria argentina* (1922), reproducida por Mario Rappoport (*Economía e historia argentina*), haya calificado los déficit fiscales de la Confederación como resultado, entre otras cosas, "de una administración desordenada", cuando la reputación de Rosas en este tema específico ha sido virtualmente irrefutable, salvo para Mitre, cuya manifiesta hostilidad ha sido incorregible.

Prebisch no pudo formular tan temeraria afirmación cuando Terry (*Finanzas*, 1912), a la sazón el más encumbrado e indiscutido especialista, había sostenido una década antes lo contrario: "...si hemos de reconocer la verdad histórica, convengamos en que Rosas fue fiel ejecutor de las leyes de emisiones y seriamente económico dentro de las leyes de presupuesto".

El ex ministro de Hacienda de Luis Sáenz Peña y de Manuel Quintana enseguida añade: "Durante su larga administración se quemaron fuertes cantidades de papel moneda y se amortizaron muchos millones de fondos públicos en cumplimiento de las respectivas leyes [...] Esta conducta impidió la desvalorización del papel moneda [...] El comercio y el extranjero tenían confianza en la honradez administrativa del gobernador".

En sus "Five Stages in my Economic Thinking" (mimeo, Washington D. C., 1988), don Raúl ha reconocido sus cambios intelectuales con el correr del tiempo, pero ello no obsta para dejar de considerar a aquélla como una apreciación dañina, precisamente porque, aun sin proponérselo, la especie se inscribe en el campo del error unidireccional, de las imposturas que tanto daño han hecho al impedir la afirmación de un proceso de unidad nacional apoyado en la legitimidad de los acontecimientos históricos.

La agricultura empezó a mostrar síntomas de progreso, a pesar de las malas cosechas, en el ciclo 1829-1831 y en 1839 y 1845. Aparecieron variedades de nuevas de semillas y en 1845 comenzó el alambrado de los campos. En 1846 se presentó un proyecto de ferrocarril que resultaría de utilidad a las actividades rurales y se instalaron molinos a vapor. La marcación de ganado representó una práctica de seguridad que estuvo en línea con la explosiva expansión de la ganadería vacuna, primero, y ovina, después. La construcción, por su parte, siguió un curso ascendente sumando actividad, diversificación y empleos.

La exportación de lanas y cueros, junto con los procesos de elaboración del tasajo, marcaron registros significativos. Es interesante destacar que algunas remesas embarcadas en naves argentinas no pagaban derechos, lo cual significó un verdadero estímulo en favor de los astilleros locales. Los saladeros fueron grandes generadores de empleo y, además, incorporaron tempranamente la técnica de división del trabajo, con ventajas para la productividad y la especialización. La seguridad en la frontera después de la conquista del desierto de 1833 y la derogación del régimen de enfiteusis permitieron ampliar la producción. La venta de tierra publica, por su parte, generó recursos para afrontar gastos —deuda rivadaviana, entre otros— con recursos genuinos.

No resultó ajena al fortalecimiento de las actividades pecuarias la técnica del bebedero denominado balde volcador. Éste permitía dar de beber por jornada de trabajo a unos 2000 animales y evitaba así antieconómicas deshidrataciones, pérdidas de peso y muertes de ganado. Al final del período rosista se satisfizo la demanda interna de trigo en la provincia y se llegaron a exportar excedentes.

Se innovó en el manejo de rodeos y en diferentes técnicas agropecuarias, según puede constatarse en las instrucciones que Rosas escribió y actualizó escrupulosamente para su personal. Además de apuntar a la mejora de los métodos de salado de carnes para satisfacer exportaciones crecientes, se iniciaron nuevas cruzas para progreso de una ganadería que se convertiría en actividad central del país por muchos años.

La afluencia constante de inmigrantes y el crecimiento demográfico indujeron al Gobernador a ordenar registros y padrones sobre movimientos poblacionales, que resultaron precursores de los censos nacionales futuros (A. Caponnetto, "Rosas: aspectos de su política poblacional"). Barsky (ob. cit.) menciona un censo practicado en 1838. Estos antecedentes parecen desmentir los criterios adversos que puntualiza Miguel Ángel Cárcano en su obra *La política internacional en la historia argentina*.

En el ámbito científico, el doctor Francisco Javier Muñiz "en 1841, después de costosas y prolongadas investigaciones, descubrió la vacuna genuina [de la viruela]", cuenta Woodbine Parish (ob. cit.), consolidando de esa manera su puesto en la Real Sociedad Janneriana de Londres, a la sazón una entidad de primer rango en el mundo científico.

Después de los alumbramientos históricos tan bien documentados producidos por las corrientes historiográficas nacionales y aun extranjeras, resulta decepcionante que autores modernos como John Lynch (*Juan Manuel de Rosas*, 1984) y James Scobie (*Argentina. A City and a Nation*, 1964, 1971) puedan desentonar tanto con la realidad. Éste llega a sostener que "el grupo estanciero en general usó la independencia y el comercio exterior para aumentar su riqueza e influencia", como si la guerra civil, los malones, las conjuras y las ofensivas internacionales fueran fantasías.

Al margen de ello, suele disgustar a sus críticos malintencionados la circunstancia de que Rosas en dos años haya triplicado sus inversiones, aunque ese éxito fuera registrado en 1815 y ocurriera como resultado de la gestión de un veinteañero. Esta apreciación es incompatible con el argumento de que los estancieros como grupo "resistían la innovación y el cambio" (Scobie). Barsky (ob. cit.) destaca la diversificación de actividades en el establecimiento de Rosas —Las Higueritas— y la disponibilidad de una flota propia. Para Joseph Schumpeter tal vez habría sido un innovador. Gracias a Dios, Scobie no se ocupará del fenómeno mayúsculo que representa, incuestionablemente, Bill Gates.

La configuración de un gran taller industrial la constataron viajeros insospechados. Al igual que Buenos Aires, las economías regionales participaron del progreso general, siempre según sus posibilidades; por supuesto, sin mediar bloqueos arbitrarios ni guerras interiores o internacionales. Pero debe tenerse presente que la falta de capital y de iniciativa, en algunos casos, constituyó una inocultable restricción que no puede dejar de ponderarse a la hora de hacer historia objetiva e imparcial. La industria militar y los astilleros ejercieron fuertes efectos multiplicadores, como siempre. Desde 1829 hasta Caseros, ininterrumpidas corrientes inmigratorias sumaron experimentada mano de obra. Tal fue el caso de gallegos e irlandeses.

De no haber imperado ciertas intenciones industrialistas, que Juan Carlos Chiaramonte niega en su divulgada obra *Nacionalismo y liberalismo económicos en la Argentina*, habría resultado improbable la evolución que hemos reseñado brevemente y que no ha sido cuestionada con fundamentos doctrinarios responsables y documentados como los que ha ofrecido Elena Bonura en trabajos específicos que desmienten las leyendas interesadas. Si el análisis prescinde de los tiempos tormentosos y se limita a considerar los valiosos razonamientos de don Pedro Ferré como expresión programática, se pierde perspectiva porque se omite nada menos que el escenario en consideración, que resultó fuertemente condicionante. Literatura y política son cosas diferentes.

La dictadura legal (plebiscitada) aseguró la pacificación y la unidad del país y mantuvo un territorio inalterado durante dos décadas, a pesar de las agresiones armadas e iniciativas de fragmentación animadas por enemigos políticos, muchas veces al servicio de otras potencias. Las tempranas agresiones contra las islas Malvinas por las fragatas *Lexinton* —de los Estados Unidos, pero disfrazada con el pabellón francés—, en 1831 y por la *Clío* —británica—, en 1833, ofrecen un adecuado panorama respecto de las vicisitudes de entonces, que además sirven de preludio a lo que vendría después.

Los saqueos de Giuseppe Garibaldi en Gualeguaychú y en la Colonia del Sacramento en 1845, amparado por el bloqueo anglo-francés contra la Confederación Argentina, demuestran la desorientación histórica y, hasta cierto punto, nuestro ya inveterado desarraigo, en tanto que los extravíos y excesos de un aventurero, de "un oscuro conspirador mazziniano", según el eminente historiador mexicano Carlos Pereyra, parecen incompatibles con las honras que Buenos Aires le rinde casi a perpetuidad con el monumento erigido en su memoria en Plaza Italia.

Cuán grande será la envergadura facinerosa del personaje que el profesor John F. Cady recuerda su actuación anterior en esta región y lo califica de hombre de "existencia aventurera a las órdenes de los rebeldes republicanos de Rio Grande do Sul" (*Foreign Intervention in the Río de la Plata*, 1929). Sin embargo, estos aspectos parecen irrelevantes para Alicia Dujovne Ortiz. Refiriéndose a Anita Garibaldi, la escritora dice que la heroína, en su novela, queda esperando al guerrero "mientras [éste] se carga de gloria en las batallas contra Rosas" (*La Nación*, 30-11-2003).

Casi nada: se rescata y ensalza la figura de la compañera del personaje que emprendió los arbitrarios atropellos internacionales contra el gobierno legítimo de la Confederación Argentina. Se trata de una novela, es cierto, pero, como veremos más adelante, si el género desfigura la realidad histórica, inevitablemente deforma la memoria colectiva y agrede la identidad nacional.

Volviendo a la gestión emprendida por Rosas durante su largo mandato, es innegable la falta de una constitución escrita en el sentido formal. Pero cabe preguntarse qué país azotado por conflictos internos y recurrentes agresiones externas en casi todos los frentes territoriales puede enredarse en interminables y complejos debates constitucionales sin tener que afrontar costos extremadamente onerosos. Esto lo explicó Rosas en la famosa carta identificada como "de la hacienda de Figueroa" (diciembre de 1834), remitida a Facundo Quiroga. Pero lo interesante es que un intelectual como José Luis Romero, en sus *Conversaciones* con Félix Luna (1976), reconoció la lucidez de ese tipo de argumentos, subrayando que los hechos dieron la razón al futuro dictador.

Casi al mismo tiempo (1972), Arturo Sampay, en *Las ideas políticas de Rosas,* se lamenta de que éste no haya impuesto en ese momento la misma política que adoptaron los Estados Unidos. Me parece que existe una razón: la Confederación Argentina emprendía en ese entonces guerras internas e internacionales simultáneamente. Los estadounidenses, en sus momentos iniciales, no fueron perturbados por las provocaciones de otras potencias que, por el contrario, veían con júbilo el debilitamiento de la Rubia Albión. Con seguridad, las prioridades para nosotros eran otras.

Ése es el punto. La atmósfera internacional era distinta, y debe destacarse la ausencia de norteamericanos nativos aliados con los adversarios del poder constituido por razones de conveniencia u oportunismo político. Por encima de todo, debería recordarse, además, que el constitucionalismo escrito no era la norma en la experiencia política contemporánea de la gestión de Rosas, mucho menos en países siempre al borde de la disolución. Prusia, una potencia gravitante en Europa, recién en 1848 sancionó formalmente una constitución.

Horacio Sanguinetti, perturbado por un ostensible sentimiento antirrosista, ha reconocido en un libro cargado de adjetivos desfavorables que el Pacto Federal (1831) "legalizó la Confederación Argentina durante más de veinte años [...] semeja una constitución en miniatura..." (*Curso de derecho político*). Es un testimonio de sinceridad, es cierto, pero descuida subrayar los condicionamientos que lo acompañaron desde su sanción, que no fueron menores.

Del mismo modo, debería tenerse presente que durante este período se vuelven práctica constante las aventuras coloniales de Inglaterra, Francia y, en menor medida, los Estados Unidos. Desde la conquista de Argelia (1830) se suceden como plagas las intervenciones en Asia, África y Oceanía, convulsionando el mundo. El detalle puede consultarse en *La misión Ouseley-Deffaudis*, de Ignacio Bracht y Rodolfo Barrere. Sin considerar estos escenarios no se puede hacer historia, menos historia política y constitucional.

Ahora bien, si no se renuncia a una visión "limitada o formalista como la sostenida por algunos abogados del siglo XIX", como dice Manuel Fraga Iribarne en su trabajo La obra constituyente del general De Gaulle, es difícil entender el problema constitucional argentino con alguna imparcialidad. La Constitución no es sólo un trozo de papel con garantías y disposiciones normativas; se trata de un sistema de instituciones que consultan tradiciones, hábitos y, si se quiere, aspiraciones para el futuro enraizadas en experiencias culturales.

Charles De Gaulle entendía el valor de la juridicidad, pero el interés superior de Francia estaba primero, siempre según la obra de Fraga dedicada al tema. Parece que el proceder de Rosas en el contexto que le tocó gobernar se ajustó un siglo antes al enfoque gaullista que, por lo demás, abreva en la cultura política romana clásica. Por eso es incorrecto lo que afirma Marcos Aguinis respecto del "cuadernito del que se burlaba Rosas", en términos de negarle trascendencia a un cuerpo constitucional escrito (*La Nación*, 27-11-2003). ¿Cuánto hace que tenemos cuadernito y no se detiene la profundización de la crisis? El cuadernito es indispensable, pero no basta. Las ironías sin respaldo histórico agregan confusión y pervierten la cultura.

Si se quiere juzgar con equilibrio y razonabilidad, no debería olvidarse que los Estados Unidos perfeccionaron su régimen constitucional definitivo recién en el bienio 1786-1787, es decir una década después de sancionados los dieciséis artículos de la Declaración de Virginia (1776) y tras varios años desde la suscripción del Tratado de París (1783) concebido para arreglar definitivamente la paz.

Por otra parte, debería recordarse que Inglaterra ejerció influencia ecuménica durante tres siglos (XVIII, XIX Y XX) sin sujetarse al requisito de un cuerpo constitucional escrito. Como dato irónico, aunque lamentable, podríamos puntualizar también que los argentinos tenemos hace un siglo y medio una constitución formal. Empero, sería temerario afirmar que tenemos resueltos los problemas fundamentales.

Para sacar el tema de la superficialidad legal e instalarlo en el campo más provechoso de la filosofía política y de la historia, resulta imprescindible apelar al realismo británico y a la experiencia de ese país respecto de la realidad del poder y de sus alrededores, pues ellos han demostrado que el orden y el éxito nacionales no están visceralmente atados a un testimonio normativo escrito, en cuyo nombre, además, se han justificado estremecedoras desgracias. El tema lo ha tratado magistralmente Julio Irazusta en *La monarquía constitucional en Inglaterra*, publicado por Eudeba hace treinta años.

Finalmente, debe recordarse que, mediante gestiones diplomáticas exitosas y de incalculable valor y repercusión internacional, se logró satisfacer el honor nacional durante conflictos con vecinos (Confederación Peruano-Boliviana, Uruguay) y con las grandes potencias imperiales de entonces, como Francia (1838-1840) y la coalición franco-británica (1845-1848). Todo ello ha sido evaluado y reconocido por la historiografía y la prensa, sobre todo en los Estados Unidos y Europa, como se verá, donde no fueron pocas las voces que se alzaron contra atropellos que clamaban a los dioses por su perversa, clandestina y bastarda inspiración y arbitrariedad.

La conquista del desierto, emprendida estando Rosas fuera del gobierno, no sólo obstaculizó intentos expansivos de Chile, como se sabe, sino también del Brasil, que con anterioridad ya había operado sublevando indígenas, seguramente para establecer un enclave o cabecera de playa, siguiendo la estrategia insaciable del Imperio y no sin la colaboración "de los engolados viejos doctores y de los agentes lusitanos" que, al decir de Mayer, fastidiaron a Alberdi y lo indujeron a partir hacia Europa el 30 de mayo de 1843 (*Estudios sobre Alberdi*). Además, con esa epopeya se interrumpió la espuria relación entre mercaderes nacionales y chilenos que negociaban "ganados arrebatados a los criollo" (Barsky).

Sin embargo, la historiografía interesada ha tenido la temeridad de formular hasta el día de hoy toda la construcción antirrosista, ocultando al mismo tiempo el permanente estado de guerra de la Confederación. Así, logró durante décadas modificar en forma arbitraria el escenario para elaborar sus juicios y arribar a las conclusiones que han servido para minar la conciencia nacional. Aristóbulo del Valle ha llegado al absurdo de "ignorar a Rosas en sus clases [y] en sus libros" porque, a pesar de entrañar "una profunda enseñanza histórica [...] no ofrece materia de estudios" (Emilio Guido, *Derecho político e historia de las ideas políticas*, de amplia difusión hace cuarenta años).

Con Adolfo Saldías y Ernesto Quesada a la cabeza, y el gracias al extraordinario esfuerzo de quienes los siguieron y se rebelaron contra irritantes imposturas, hoy la sociedad está en inmejorables condiciones de reconocerse a sí misma y de identificar sus orígenes, descubriéndose frente a —y a partir de— una historia menos tergiversada y por ello susceptible de permitirnos contemplar el pasado según fue y no como expresión cautiva de ópticas interesadas.

Félix Luna, en su obra *La época de Rosas*, afirma, como síntesis de un trabajo no complaciente con el dictador, que "su presencia en el poder había logrado impedir la disgregación nacional, y no pocos opositores regresaban a Buenos Aires desde el exilio, principalmente desde Montevideo". Conseguir, afirmar la unidad nacional, es lo que ha consagrado históricamente a los hacedores de Estados. Resulta arbitrario y hasta antiestético negar el mismo mérito a Rosas. Luego, si los emigrados regresaban, incluso antes de Caseros, no sería precisamente para entregarse a la Mazorca o vivir en una atmósfera de barbarie que empeoraría sus condiciones de existencia.

La actitud negativa del unitarismo, confundido a menudo con liberalismo (no todos los liberales fueron unitarios, es decir hombres equivocados respecto del alcance y significado del interés nacional, por ejemplo, con respecto a toda expresión de hispanismo, de criollismo, de mestizaje), ha potenciado entre nosotros desestimaciones y resentimientos de toda laya. Eso no ha ocurrido, por ejemplo, en los Estados Unidos respecto de Gran Bretaña, cuyos excesos imperiales están presentes en la enérgica prédica revolucionaria de John Adams, Thomas Jefferson, George Mason, John Dickinson, Thomas Payne y tantos otros testigos, actores y promotores de la gesta que culmina con la declaración de la independencia en 1776.

Desde otro ángulo, dudo que en el Norte hayan prosperado impugnaciones y descalificaciones casi definitivas similares a las de don Domingo y otros célebres formadores de opinión, si las mismas hubiesen llegado a salpicar con dureza a los protagonistas, dados los costos que han representado las guerras de liberación, las campañas de conquista territorial, el endeudamiento para expandir las fronteras nacionales e, incluso, gastos asumidos por imperio de equívocos y desenfrenos que han lastimado por largo tiempo la conciencia norteamericana.

Los unitarios, en rigor de verdad, para presentar la historia a su gusto y conveniencia han abusado del enfoque *post hoc ergo propter hoc* en cuanto al razonamiento. "Después de esto, luego por esto" les ha permitido eludir la metodología científica, esto es, reunir, seleccionar y analizar imparcialmente los hechos en el contexto espacio-temporal correspondiente, para recién después de ese proceso lógico arribar a conclusiones objetivas. En su lugar, invirtieron los términos del proceso: son las conclusiones premeditadas las que determinaron la selección de los hechos y la hegemonía absoluta del método de exclusión que lo domina.

La omisión de aspectos y resultados fundamentales en la gestión de Rosas y, sobre todo, del reconocimiento expreso de sus adversarios, como se constata en este ensayo, lo confirma categóricamente. Después de la inigualable historiografía que ha congregado el hombre y su gestión, Marcos Aguinis no puede decir con seriedad que en 1848 "la Argentina no había alcanzado su organización nacional" (*La Nación*, 18-1-2004), cuando la Constitución, si de eso se trata, se corporizó enseguida sobre la base del experimento jurídico rosista y no de las fantasías de sus adversarios.

Para enriquecer la lista de disparates, cierro el capítulo recordando a un chileno que reside hace treinta años en Suecia, Mauricio Rojas, porque descarga de manera temeraria las causas de la crisis y de la decadencia argentina también en Rosas, el caudillismo, la estancia. Como consuelo, me permito recordar a Marco Tulio Cicerón: "Hasta cuándo Catilina abusarás de nuestra paciencia" (entrevista de Gabriel Salvia, *La Nación* 18-1-2004).

Después de tantas simplificaciones incompatibles con el espíritu científico, me permito recordar que la decadencia y su estudio no pueden encararse fuera de la moral, que es la que explica el comportamiento de las corrientes humanas y de sus dirigencias en la evolución de las naciones. En la región, México, Brasil y Chile han padecido crisis y contratiempos diversos. Una fuerte conciencia nacional, ausente en la Argentina, como lo observó Alain Touraine en sus recientes declaraciones sobre el país (*La Nación*, 18-4-2002), les permitió recuperarse y mostrar hoy un papel ascendente en el mundo, mientras nuestra nación puebla los medios como país en inocultable decadencia. El tema es más profundo de lo que se deduce de la lectura de quienes creen hacer historia adjetivando para suplir limitaciones ostensibles.

CIVILIZACIÓN Y BARBARIE.
MENTIRAS A DESIGNIO

La famosa antítesis que rivaliza entre nosotros sirve de sustento para ocuparse del tema, sin que el cuestionamiento de la propuesta política que lo inspira subestime el valor literario del *Facundo*. Lo que no puede aceptarse es que legítimas fantasías producto de la creación intelectual se transformen, por intereses ideológicos o de partido, en testimonio histórico y fundamento casi bíblico para fundar o reorganizar la vida de una nación.

Si bien historia y literatura suelen ser géneros que se encuentran y, a menudo, refuerzan saludablemente el conocimiento del pasado, la delimitación debe subrayarse, sobre todo cuando se trata de ensayos o novelas con significación biográfica, porque puede dar pábulo a erróneas interpretaciones sobre tiempos, lugares y personas. Quien lea *Ese manco Paz*, de Andrés Rivera, o incluso su *El farmer* —para mí, mejor trabajada—, puede llegar a conclusiones erróneas si no advierte, precisamente, de qué género se trata.

El peligro de confusión entre novelas y biografías puede llegar a ser devastador si sus contenidos, por las razones que fuere, desafían verdades que deben preservarse en cuanto tales, o cuando los argumentos empleados sirven para profundizar desencuentros que pueden servir, a su vez para atizar, conflictos o profundizar síntomas de desunión filial. Todo ello, a la postre, tiende a dificultar las reconciliaciones que siempre son indispensables para articular un proyecto de nación todavía pendiente entre nosotros y que el mismísimo Ortega y Gasset nos reclamó insistentemente hace varias, muchas décadas.

Sobre ese particular, vale la pena hacer una digresión que estimo muy importante para esclarecer el tema que estamos considerando. La representación fílmica de Milos Forman sobre la relación entre Salieri y Mozart se inscribe, por supuesto, en la atmósfera de ficción bien ambientada que se incubó en la mente del creador de una obra de gran éxito. Pero creer, como le ha pasado a una parte no menor del público, que el primero era un artista de segunda y el discípulo, además de un genio de la música, un engranaje de la farándula imperial y de sus suburbios, supone una grosera tergiversación. Salieri fue, realmente, un genio. Instructor de Mozart, pero además de Beethoven y de Liszt. El superdotado vienés fue un hombre de singulares dotes morales.

En un reciente reportaje, el periodista Marcelo Longobardi, seguramente influenciado por la difundida imagen del genio vienés, se siente incómodo porque Mozart compuso obras para las cortes europeas y los poderosos (*Noticias*, 22-11-2003). En la segunda mitad del siglo XVIII ésas eran las posibilidades para un artista; no existían alternativas, como las que hubo en otros tiempos y con otros géneros artísticos, mecenazgos mediante. Si las versiones libres sin las debidas aclaraciones se generalizaran y perduraran, Mozart podría llegar a tener el arbitrario destino historiográfico de don Juan Manuel. Sería injusto.

Estamos organizados, si se me permite la licencia, sobre una base tan endeble como es la influencia directa de la creación literaria sarmientina, que, según demostró el profesor James Pellicer de la Universidad de Nueva York, en su *Facundo* responde fundamentalmente a fantasías narrativas que encuentran inspiración en otras latitudes, donde desde la geografía hasta la gente y sus hábitos nada tienen que ver con la Confederación Argentina y el personaje central de la obra inmortal. La influencia de la tesis de Vicente Fidel López para graduarse en Derecho en Chile ha sido decisiva en las descripciones que enmarcan la obra.

La barbarie era, y en definitiva es, lo de afuera, no lo propio, esto último, fruto de la lenta labor y evolución cultural del hombre, de la sociedad a la que pertenece en la plenitud de su entorno natural. La civilización era y es, precisamente, las instituciones, obras y actividades propias, nativas, que cristalizan con el tiempo la tarea cultural del hombre —según Ulises Petit de Murat— y que, a mi juicio, pueden estar en mayor o menor medida vinculadas con las referencias mayores derivadas de la pertenencia a un ámbito cultural determinado.

Nuestra cultura, inscripta en el marco de la denominada civilización occidental y cristiana, al igual que otras, abreva en fuentes identificadas con el antiguo orden greco-latino-judeo-cristiano. Sin embargo, esas raíces, virtualmente universales, no impiden la lenta y paulatina configuración de un estilo cultural propio, inducido pacíficamente por la evolución de la dinámica social en el tiempo y en el espacio. Esto permite aceptar una cultura nacional que no tiene por qué resultar incompatible con las líneas de la civilización a la que responde.

Entonces, es perfectamente viable y válido hablar de

una cultura con estilo nacional propio, aunque se enraíce, evolucione y enriquezca con elementos comunes a otras. Existen, si se me permite, una cultura hispánica y otra latinoamericana, más allá de particularismos nacionales o regionales que no niegan sino, antes bien, confirman un origen común y dan una innegable imagen de identidad. Lo que resulta inadmisible es entronizar en la vida nacional, como subraya el profesor Jorge Bohdziewicz, la divulgación "artística de una falacia europeo-centrista", para "que nutra a las elites intelectuales opositoras a Rosas" (*Rosas y Lefebvre de Becourt*).

La barbarie, es bueno recordarlo, supone la contracara de la cultura, la antítesis de lo propio, según la entendemos en el amplio territorio de una civilización. La denuncia de la barbarie en el enfoque sarmientino apunta, en definitiva, a la negación de la propia identidad, del ser que llevamos adentro, de la marca que nos identifica y permite entendernos para proyectarnos con singularidad hacia adelante. Shumway entendió el enfoque del sanjuanino cuando afirma que, para el autor de *Facundo*, "el caudillo no refleja el espíritu del mundo que se manifiesta a través de las fuerzas de la historia y del progreso (según la romántica fascinación del caudillo héroe hegeliano), sino el espíritu de la barbarie" (ob. cit.). ¿Qué habría dicho Sarmiento si se hubiera ocupado de los vikingos o de los *cowboys* que han poblado majestuosamente las pantallas?

Los denuestos, a la larga institucionalizados, contra el nativo, la religión, la raza, la geografía, y la sujeción de linaje unitario al extranjero como expediente para resolver todos o casi todos los problemas, han terminado por desnaturalizar nuestra estirpe, profundizar los desencuentros históricos e impedir que llegáramos a configurar una personalidad que se forjara históricamente con perfil propio, tal cual ha sucedido en todas las naciones que no han adulterado maliciosamente su pasado. El destacado Pedro Henríquez Ureña observó críticamente la arbitraria actitud de Sarmiento frente a la raza, aunque no ante la cultura que lo ocupa en *Facundo* (Allison W. Bunkley, *Life of Sarmiento*).

Si el sanjuanino hubiera querido condenar *in totum* nuestra idiosincrasia y no limitarse a las particularidades o los aspectos más significativos que ilustran toda su obra, habría sido correcto denunciar lisa y llanamente nuestro primitivismo o salvajismo como verdaderas agresiones al orden natural. Pero sabía, sin duda, que ése no era el caso, que semejante manifestación habría constituido un exceso, tal vez un repudio a su propia identidad.

Se me ocurre que entendió que la situación real en la Confederación no permitía tal exceso y descuidó la cuestión de la precisión semántica, circunstancia frecuente en la literatura política. Sin embargo, Sarmiento sabía que en 1845 la Confederación Argentina no sólo se había recuperado del injusto, arbitrario y oneroso bloqueo francés de 1838-1840, sino también que el país había alcanzado una jerarquía internacional incomparable, según registran la historiografía argentina y extranjera imparciales.

Algo de ello intuyó el sanjuanino cuando le aconsejó al joven José María Ramos Mejía, el autor de *Rosas y su tiempo*, que "no tome como moneda de buena ley todas las acusaciones que se han hecho a Rosas en aquellos tiempos de combate y lucha, por el interés mismo de las doctrinas que explicarían los hechos verdaderos" (*Obras completas*).

Sarmiento viene a confirmar mucho tiempo después

la atmósfera que denuncia Henry Southern en nota a lord Palmerston el 10 de enero de 1851: "No es fácil juzgar ligeramente los motivos de un hombre que ha descubierto la forma de gobernar a uno de los pueblos más turbulentos e inquietos del mundo y con tal éxito que, si bien hay mucho lugar para la protesta y bastante para el descontento, aun así la muerte del general Rosas sería considerada por todo hombre de este país como el infortunio más directo". Y remata con aleccionadora lucidez: "Por cierto que sería el inicio de un desorden intestino que reduciría el país a la miseria" (Andrew Graham-Yooll, *Así vieron a Rosas los ingleses*).

Para interpretar de manera recta las cosas, no debería olvidarse que *Facundo* es un libelo político ideado con fines inconfesablemente desestabilizadores, cuya inmortalidad, paradójicamente, responde más a sus valores estéticos y a sus rasgos ideológicos que a los aspectos testimoniales que ha logrado ilustrar y difundir. La obra está cargada de "inexactitudes a designio", según confesión expresa del autor al general José María Paz en iluminadora misiva fechada en diciembre de 1845 —el mismo año de publicación de la obra— que, gracias a Dios, reprodujo Ricardo Font Ezcurra en su memorable *La unidad nacional*, publicada en 1939. Desconozco si lo hizo de manera irónica, pero lo cierto es que el mismo Sarmiento, siendo presidente, reconoció a M. R. García, en carta fechada el 28 de octubre de 1868, que "si miento lo hago como don de familia, con la naturalidad y sencillez, sencillez de la verdad".

Así, a través de las letras influyentes que constituyen el granero cultural de los países, sobrevuelan y se arraigan interpretaciones del pasado no siempre imparciales y sinceras. Su mayor peligrosidad reside en un efecto de derrame o difusión, inducido, precisamente, por la hegemonía de obras maestras, fundacionales e interesadas, donde las narraciones transcurren, por cierto, en períodos históricos determinados, pero que sería temerario asociar con episodios históricos verdaderos. Cuando Salvador María del Carril, pocos días después del fusilamiento de Manuel Dorrego, reconoce a Lavalle que "envolver la impostura con los pasaportes de la verdad" resulta válido, se confirman nuestras prevenciones.

En tal sentido, es bueno recordar que *Facundo* no es lo mismo que *La cabaña del tío Tom*, también escrita en el siglo XIX y en momentos difíciles en los Estados Unidos, donde ya se percibía la atmósfera de conflicto que desencadenaría en la década siguiente la Guerra de Secesión. Su autora, Harriet Stowe, en 1852 revolucionó el ambiente sin necesidad de apelar a mentiras o fantasías. La novela, simplemente, describió injusticias y crueldades que en la realidad eran mucho más condenables que las que denuncia a través de su exitosa pluma.

Entonces, una cosa es la ambientación de la protesta y otra es la difamación como instrumento de la subversión de valores para obtener réditos políticos o partidarios. La descalificación sistemática de los caudillos y de Rosas en particular, es un testimonio de ello. Quien lea la correspondencia de Rosas (Julio Irazusta) o de Rosas, Quiroga y López (Enrique Barba), observará que ni los contenidos ni los estilos denuncian irregularidades semánticas como las que gustan imaginar los unitarios.

Fermín Chávez se ha ocupado exitosamente de desmentir esas especies maliciosas, al menos con respecto a Rosas. En *La libreta de Rosas* podrá confirmarse que le eran familiares obras de Quevedo, Horacio, Virgilio y otros tantos escritores clásicos que no sé si pueblan las bibliotecas de muchos contemporáneos de entonces y de hoy.

Resulta inverosímil que las fábulas de filiación unitaria, no necesariamente liberal, hayan prosperado y degenerado nuestra cultura hasta los extremos de negar el heroísmo y los valores de una época en la que el protagonismo internacional del país y de muchos de sus hombres ha sido incuestionablemente reconocido. Es tentador reproducir la confesión que un adversario de singular valía, don Alejandro Magariños Cervantes, hizo en sus *Estudios históricos, políticos y sociales sobre el Río de la Plata,* en la versión que ofrece Carlos R. Marco. Dice a propósito de Rosas: "Séanos lícito reconocerlo. No se manda veinte años, no se hacen las cosas que él ha hecho, con una inteligencia vulgar, ni sin estar adornado de grandes dotes como hombre de acción y de energía. Digámoslo sin miedo y en voz alta, porque de lo contrario nos haremos muy poco favor los que nos jactamos de ser sus enemigos. Si él era tan inepto y el poder, tan frágil e imaginario, ¿cómo ha resistido tanto tiempo el embate de una, dos, de tres coaliciones, en algunas de las cuales figuraban naciones tan poderosas como la Francia y la Inglaterra? [...] Dejemos la respuesta a los que suponen que es un hombre vulgar, favorecido únicamente por la fortuna".

Para finalizar este capítulo, vale la pena recordar el concepto que Rosas mereció de Charles Darwin cuando, por motivos científicos, el naturalista llegó a la desembocadura del río Negro en agosto de 1833. Allí se conocieron y conversaron. "Es un hombre de extraordinario carácter y tiene en el campo una gran influencia [...] Quedé absolutamente complacido en mi entrevista con el terrible general. Es digno de verlo, ya que se trata decididamente de la personalidad más prominente de la América del Sur", según trascripción de John Lynch en su trabajo sobre el gobernador de Buenos Aires.

INDEFENSIÓN ANTE EL ECUMENISMO Y LA GLOBALIZACIÓN

El denominado ecumenismo cultural y la globalización no dejan, por su parte, de asestar golpes, sobre todo allí donde las bases culturales de la sociedad son endebles y propensas a la imitación sin crítica. No se trata de combatir las naturales inclinaciones por lo proveniente de otras latitudes, en la medida en que las novedades no agudicen la fragmentación, cuando existe, o generen distorsiones inconvenientes que habrá que atender sin lesionar las libertades esenciales de la población.

Para enfrentar adecuadamente el desafío, se necesita, casi por definición, una política cultural que no tiene por qué adoptar formas o propósitos autoritarios. Más bien, se trata de distinguir y de apoyar firmemente lo que enriquece, mejora, perfecciona a la población en todas las expresiones artísticas, científicas, deportivas y culturales que convengan al bien común, ampliamente entendido. De lo contrario, se corre el riesgo de que sea el *rating*, a veces fuertemente manipulado, el que decida las opciones del público.

Ecumenismo y globalización están para quedarse, y en la medida en que la revolución informática y de las comunicaciones siga ampliando su radio de acción, eso puede llegar a ser patético si no afianzamos lo nuestro en un estricto marco de libertad creadora. Ésta no tiene por qué ir en desmedro de los acontecimientos culturales globales. Pero debemos difundir, subrayar y defender estratégicamente nuestros logros y objetivos como nación. Por ejemplo, existe una suerte de actitud vergonzante frente a los resultados de nuestras investigaciones en el campo atómico, misilístico, satelital y espacial en general, como si fuéramos convidados de piedra en el universo científico. La exaltación de logros forma parte, precisamente, de una estrategia genuina de recuperación de los valores nacionales que afirman la identidad.

En el mundo moderno, las deformaciones de la cultura constituyen un peligro que no sólo amenaza la identidad de los países sino también su estilo de vida, sus tradiciones y sus expectativas de progreso. El riesgo no pasa por las filtraciones o mezclas, casi inevitables —de lo cual la resistencia francesa frente a la invasión cultural anglosajona puede dar elocuente testimonio—. Va más allá.

El verdadero problema es la homogeneización, la uniformidad o estandarización de los comportamientos según patrones exóticos que lentamente se apoderan de los modos de ser, de los particularismos, y terminan desvirtuando los rasgos peculiares de cada sociedad o región, o sea que invaden y deforman aquellas diversidades que son, precisamente, las que permiten distinguir y subrayar la individualidad de cada sociedad.

En nuestro caso, encuentro parte de la corrupción de nuestra cultura en la sistemática falsificación de la historia, a veces por espíritu de partido o también debido a mezquindades de diversa laya que, de consuno, llevan a la sociedad a vivir de espaldas al pasado, como si éste nada tuviera que ver con el presente. Cuando este fenómeno se generaliza, puede deteriorar severamente la identidad de los ciudadanos o miembros de esa unidad espiritual que es una nación, lo cual no significa, como hemos puntualizado, aferrarnos a uniformidades groseras, inconsultas o carentes de sustento.

INMIGRACIÓN, FRAGMENTACIÓN CULTURAL E IDENTIDAD NACIONAL

En los países con fuertes corrientes inmigratorias, la necesidad de sostener una política cultural para afirmar la identidad nacional no es un tema menor. Cuidado: no se trata de modificar la personalidad del inmigrante ni de desnaturalizarla. Se trata de buscar una cuidadosa asimilación que vaya afirmando durante el tiempo un estilo de vida nacional que contemple los valores de la nacionalidad y se enriquezca con el aporte de quienes han optado, por las razones que fuere, por otro lugar de residencia.

Probablemente, el famoso *melting pot* norteamericano constituya un testimonio esclarecedor de los buenos resultados que se dan sin que medien violencias ni sujeciones a fórmulas autoritarias. La asimilación de inmigrantes por parte del país y la incorporación pacífica de sus pautas culturales han ido configurando un estilo propio —el estadounidense— que, sin dejar de ser anglosajón, ha adquirido notoria individualidad. Ahora bien, eso no ha sido fruto del azar. En rigor de verdad, ha sido una inteligente política cultural la que ha contribuido para que la identidad nacional estadounidense se encauce por carriles que la refuercen y sirvan para abortar posibilidades de contaminación que la desnaturalicen, en el sentido de quitarle vitalidad y rasgos propios ostensibles.

No debería olvidarse que el proceso político norteamericano se afirmó y tuvo éxito en mérito de sus propias creaciones desde el punto de vista de la política práctica: constitucionalismo escrito; división de poderes; democracia representativa; federalismo; consolidación de instituciones históricas como la organización policial vinculada a los municipios; condados con fuerte tradición histórica; representantes judiciales elegidos por el pueblo, etcétera. En resumen, el *american exceptionalism* de Alexis de Tocqueville.

En su *Democracia en América* (1840), con iluminadoras observaciones, Tocqueville ha logrado un inmortal relato sobre la singular evolución de este pueblo y del proceso de maduración de sus instituciones. Aquí es justo recordar la observación previa del conde de Aranda en informe diplomático a Carlos III de España: "Esta república federativa que nació pigmea [...] y ha tenido necesidad del apoyo y de las fuerzas de dos potencias poderosas como España y la Francia para conseguir su independencia [...] un día será un gigante [...] un coloso temible [...] olvidará los beneficios que ha recibido y no pensará más que en su engrandecimiento". Toda una acertada previsión respecto del espíritu de los fundadores (Marcelo Lascano, *Desarrollo económico*).

Entre nosotros, vale la pena subrayar que los unitarios intentaron modificar todo, con o sin el respaldo de la sociedad, habida cuenta que, inspirados en el iluminismo y en el romanticismo de moda en los salones parisinos —sobre todo—, se sentían habilitados a implantar en nuestra distante realidad sus ilusiones abstractas casi como experimentos de laboratorio, sin reparar en que el proceso político es otra cosa. Sarmiento, recuerda el profesor Enrique Díaz Araujo, dijo que "los pueblos deben adaptarse a la forma de gobierno y no la forma de gobierno a la aptitud de los pueblos". El resultado es la permanente discordia y fragmentación que nos comprende. Con otro enfoque, en los Estados Unidos los padres fundadores llegaron a ser presidentes desde el comienzo, tal el caso de George Washington, John Quincy Adams, Thomas Jefferson y James Madison.

El constitucionalismo de 1819 y de 1826 trajo revueltas que, sin quererlo, pavimentaron el camino hacia la reafirmación del federalismo vernáculo, a la sazón más identificado con las raíces coloniales del país que con fantasías importadas. La Liga del Interior (1830), organizada por el general Paz e integrada por nueve provincias cuya dirigencia, de espaldas a la opinión pública, resultó cautivada por las "nuevas" ideas, amenazó la integridad territorial de la Provincias Unidas y, por ende, contribuyó a despejar el ambiente para la futura dictadura. Luego, en la década siguiente, la Liga del Norte encabezada por Marco Avellaneda y sus arrebatos secesionistas en el convulso estado político-bélico del país la convalidaron

La ilegítima e injustificada insurrección de Lavalle (1828) y la consiguiente deposición y fusilamiento del gobernador Dorrego, fomentada, ideada y ejecutada a instancias de "los hombres de casaca negra", trajeron a Rosas para hacerse cargo de la gobernación (1829). A ello no resultaron ajenos los golpes de José María Paz contra Juan Bautista Bustos en Córdoba (1829) y otros levantamientos en Cuyo y en el Noroeste. El permanente estado de guerra civil agudizado por las provocaciones de la primera corriente de emigrados (1829), no sólo convirtió al país en un infierno sino también extendió el reclamo de una autoridad fuerte para sofocar un caos que parece connatural con nuestra experiencia política.

José Ingenieros, insospechado de ser admirador del Gobernador de Buenos Aires y Encargado de las Relaciones Exteriores de la Confederación, entendió cabalmente el terrible escenario que sirvió para el encumbramiento del dictador. Recuerda el profesor Díaz Araujo (en *José Ingenieros y la evolución de las ideas alberdianas*) que éste se preguntó: "¿Quién, sino Rosas, podía gobernar en su tiempo? ¿Cuántos gobernantes podrían nombrarse que hayan satisfecho los intereses de todas las clases sociales de una nación? [...] Las ideas coloniales y los intereses conservadores tenían demasiado arraigo en todo el país [...] Rivadavia era el ensueño. Rosas fue la realidad nacional".

Al joven Jorge Luis Borges tampoco le resultó indiferente la figura del Gobernador de Buenos Aires y Jefe de la Confederación Argentina. En su temprana búsqueda de arquetipos, entendió, como Ingenieros, al hombre en su circunstancia y, sin afán justificador, pudo decir de Rosas: "Nuestro mayor varón sigue siendo don Juan Manuel: gran ejemplar de la fortaleza del individuo, gran certidumbre de saberse vivir, pero incapaz de erigir algo espiritual, y tiranizado al fin más que nadie por su propia tiranía y su oficinismo". "¿Y qué, quién frente a Rosas?" Ni siquiera Sarmiento, "norteamericanizado indio bravo" (Enrique Pezzoni, *Clarín*, 15-9-1988).

Con la llegada de Echeverría al país (1830) y la publicación de *La Moda*, con Alberdi como gran animador en la misma década, vuelve a esquivarse la implantación de un sistema nacional que contemplara las realidades subyacentes, como supieron hacer los vecinos anglosajones del Norte. La importación para organizar el país de enfoques desprendidos de los hábitos locales, la seguidilla de degüellos iniciada con Facundo Quiroga y los generales Wenceslao Villafañe y Pablo Latorre, como no podía ser de otra manera, abren en 1835 el camino para una nueva e inédita instancia con abrumador plebiscito mediante: las facultades extraordinarias y la suma del poder público (9713 votos a favor contra 7 en contra).

Aun cuando las facultades extraordinarias constituyeron un rasgo gubernamental inicial en la experiencia política argentina desde que fueron reconocidas a la Primera Junta y el primer Triunvirato, y la Asamblea de 1813 las consagró expresamente para el Poder Ejecutivo, este acontecimiento político, en el caso de Rosas y en el marco del Pacto Federal (1831), supone —como sostiene Julio Irazusta— la creación empírica de una suerte de magistratura nacional que puede considerarse precursora del régimen presidencial vigente desde la Constitución de 1853. Este criterio es compartido por Víctor Tau Anzoátegui en su consagrada obra *Formación del Estado federal argentino* y por Guillermo Rawson cuando reconoce la legitimidad del gobierno con prescindencia de la constitución escrita, según afirma Alberto González Arzac en *Caudillos e instituciones*.

A partir de la confesada intención de "modernizar" el país con implantes jurídicos e institucionales concebidos de espaldas a sus realidades y tradiciones, surgen, entonces, las confusiones que todavía salpican la identidad y la cultura nacional. Esto, en un contexto de desorden casi visceral, será una regla inconmovible en el futuro, a tal extremo que en 1903 Lucio V. Mansilla pudo decir en *Vísperas* que "pedir orden en las cosas argentinas es lo mismo que pedirle peras al olmo". Es probable que, en el mar de confusiones y de desorientación imperante, se haya ido debilitando el espíritu nacional a un alto costo para las generaciones futuras. No es un tema menor para entender este incierto presente.

Obsérvese, por ejemplo, cómo los padres fundadores y los *founding brothers* han encarado su proceso emancipador y la literatura que lo acompañó, y se advertirá la fuerza de las ideas propias y su permanente enriquecimiento y difusión. Es como si se tratara, quizás inconscientemente, de no dejar dudas de que se estaba frente a un nuevo experimento político, institucional y cultural, que, más allá de las fuertes controversias y rivalidades que se suscitaron entre los principales actores, nunca dejó entrever infames conflictos. Se trató del *american exceptionalism* de Tocqueville, que, con unitarios enemigos de la tradición, aquí no habría podido progresar.

Por supuesto, en el caso norteamericano, la originalidad del modelo —diríamos hoy— no supone ignorar la influencia de Montesquieu y de otros pensadores extranjeros y aun nativos en la configuración definitiva del mismo. Basta enterarse de la formación intelectual de la mayoría de ellos, inclusive de los autodidactas, para saber que, además, habían frecuentado los clásicos latinos y griegos.

Nada de lo que condujera a la expansión territorial sin concesiones ni límites y a perpetuar la valoración del sistema en vías de ejecución podía cuestionarse sin grave riesgo para los eventuales transgresores. Las primeras presidencias parecían no trascender si no estaban acompañadas de conquistas fuertemente expansivas como las que se lograron casi sin solución de continuidad desde Washington hasta Jackson. No fue necesaria la literatura mentirosa y excluyente para erigir una nación orgullosa de sus logros, a pesar de que parte de los mismos deben ser acreditados en favor de quienes activamente contribuyeron a la emancipación, como fue el caso de la ayuda francesa con tropas y dinero.

En comparación con nosotros, la ambición territorial de los vecinos del Norte debe considerarse como una cuestión de principios y de envergadura política. A los unitarios, más informados de criterios administrativos y de iniciativas institucionales que preocupados por aspectos relacionados con el espacio geográfico, el territorio les interesaba menos. Sarmiento lo reconoció expresamente en *Facundo* y los unitarios y directoriales resultaron ser los precursores inmediatos y directos de la indiferencia territorial después del Cabildo Abierto de 1810.

Tal vez la primera experiencia haya tenido a Juan José Castelli como protagonista. En efecto, cuando se propone seguir hasta Lima para afirmar la revolución y ratificar su sentido continental porque gozaba de fuerte adhesión popular, Mariano Moreno se lo impide. "Debe atenerse a las instrucciones" de la Junta. Para el numen, la patria terminaba en el Desaguadero, según José María Rosa (*Historia argentina*). En los Estados Unidos una decisión semejante habría inquietado a toda la dirigencia, siempre dispuesta a expandirse, por las buenas o por las malas.

Eduardo S. Calamaro destaca la nostalgia de Joaquín V. González cuando, al evocar la consolidación de la independencia, afirma, sin embargo, que no se "salvó la integridad del patrimonio virreinal heredado: ni el Chaco paraguayo, ni la Banda Oriental, ni las Misiones brasileñas, ni las cuatro provincias altoperuanas de Bolivia, ni la Patagonia trasandina" (*Clarín*, 19-3-1987). Es que el precedente de

Mariano Moreno, o un enfoque territorial legítimamente ambicioso, no entraban en los proyectos iniciales. El cargamento excesivamente ideológico extravió a muchos e inobjetables patriotas, como a Bernardo de Monteagudo, cuyas extralimitaciones, incluso en la esfera religiosa, debilitaron el porvenir de la revolución.

La conducta identificada con las deserciones territoriales, impensable en los padres fundadores norteamericanos, siguió entre nosotros, con la notable excepción de Rosas y el rescate afortunado de la Patagonia gracias a la oportuna y expeditiva acción del general Julio A. Roca (1880), quien supo sustraer el tema de la inconveniente lógica de las presiones correligionarias gracias a su hegemonía y administración del denominado "unicato", cuyo funcionamiento describió tan bien Marcelo Sánchez Sorondo en *La Argentina por dentro*.

El oportuno golpe del "Zorro" debe de haber disuadido a los chilenos de seguir ocupando espacios ajenos apelando al cómodo expediente de utilizar normas de conveniencia, de propio cuño y sin sustento en el derecho de gentes, tal cual hicieron en 1843 cuando se instalaron en el estrecho de Magallanes labrando un acta de circunstancia sin valor para el derecho internacional.

Dice un inapelable Mariano Pelliza: "No contribuyó poco a fomentar aquella empresa en el ánimo del gobierno de Chile, la prédica indiscreta de algunos argentinos asilados en aquel país, que en odio al dictador de Buenos Aires y por concitarle enemistades, le inducían a la colonización del Estrecho exhibiendo títulos imaginarios..." (*La dictadura de Rosas*). Guillermo Furlong, en un trabajo específico, identificó las publicaciones chilenas que registran la denuncia de Pelliza (*En defensa de Sarmiento*).

Si la indiferencia territorial no hubiera sido una convicción tan profunda en la sociedad argentina, Sarmiento no se habría animado a decir, bastante tiempo después de cumplido su mandato presidencial, que "no debemos, no hemos de ser una nación marítima. Las costas de sur no valdrán nunca la pena de crear para ellas una marina, líbrenos Dios de ello. Guardémonos nosotros de intentarlo" (*El Nacional*, 7-9-1879). Empero, esta posición parece una suerte de entredicho consigo mismo, si se recuerda el tono de su enfoque militar durante su gestión a cargo del Poder Ejecutivo Nacional. Hacía un quinquenio que había dejado la presidencia.

La consigna revolucionaria norteamericana, en cuanto desafiantemente sentenciaba que "una isla no puede gobernar un continente", es toda una muestra de la ambición nacional, incomparablemente distinta de las definiciones predominantes en la dirigencia del Plata, donde los morenistas y futuros miembros del unitarismo habían hostigado desde el principio a Artigas y se habían desprendido de él, regalando espacio y satisfaciendo de esa manera los insaciables apetitos portugueses.

Nuestro Sarmiento se incomodaba por la extensión del territorio y Echeverría, poco tiempo antes, había confundido la patria con algún lugar donde le dejaran ejercer las libertades, como si fuera lo mismo ser nativo que extranjero en la experiencia política de las naciones. El autor del *Dogma Socialista* es sincero cuando se reprocha —tardíamente— la aceptación de responsabilidades por los actos del partido unitario, en el cual, además, denuncia falta de doctrina. Ya era tarde: las embestidas de sus antiguos camaradas contra la Confederación, sin distinguir alianzas, resultó letal para erigir en políticas las aspiraciones nacionales (de *Prosa literaria*, citada por Félix Luna en *Cultura y población...*).

El famoso discurso de despedida de Washington (17 de septiembre de 1796), que no fue tal sino una publicación largamente reflexionada y escrita con la lenta e invalorable colaboración de James Madison y Alexander Hamilton, constituyó lectura obligatoria en las escuelas estadounidenses durante todo el siglo XIX y parte del XX. No se trató de mero homenaje al primer presidente en el día de su onomástico, sino de una verdadera convocatoria dirigida a formar y consolidar la conciencia nacional, según puede deducirse del texto que enuncia qué debe hacer la nación para asegurar su independencia, su grandeza y su felicidad.

Reflexiones sobre la necesidad de asegurar la administración de justicia, generalizar la educación, asegurar la valoración de la moral y, sobre todo, de la religión como formidable reguladora de la conducta, junto con prevenciones contra las alianzas demasiado estrechas con otras naciones y la recomendación de desconfiar de las lisonjas de otras potencias configuran un legado programático cuya vigencia y fidelidad resulta todavía incuestionable, tal como puede advertirse en innumerables rasgos de la vida de la joven nación.

Algún fruto debe haber rendido la exhortación washingtoniana; de lo contrario, sería difícil explicar la importancia del patriotismo y de la religión en el comportamiento medio de la sociedad estadounidense. En un reciente trabajo elaborado por diferentes centros de investigación y difundido en *The Economist* (8-11-2003), se constata que el 80 por ciento de los entrevistados está orgulloso de ser norteamericano y que casi el 60 por ciento reconoce que la religión es muy importante en su vida. Las distancias son significativas si se comparan esas cifras con las respuestas de británicos, franceses, italianos y alemanes.

La supremacía absoluta de los intereses del país por encima de toda otra consideración como consigna sagrada para gobernar, ha constituido en la experiencia estadounidense no sólo un fuerte motor dinamizador de las energías nacionales, sino también un elemento cohesionante y permanente al servicio de la república y, por qué no expresarlo, de su temprana vocación imperial. La Doctrina Monroe (1823), insinuada por John Quincy Adams dos años antes, confirma ese afán por detener las pretensiones europeas en Sudamérica, aprovechando los procesos emancipadores en la región.

La diferente actitud de algunos próceres nativos no encuentra explicación saludable sino es a partir de los criterios que los animaron. Nuestros unitarios, por ejemplo, se dejaron cautivar y extraviar por las novedades ideológicas, modernistas, muchas veces ajenas a nuestra idiosincrasia, según observaban los federales más atentos a las realidades subyacentes. En cambio, para los norteamericanos, como lo entendían San Martín y Rosas, la independencia y la unidad debían gobernar las prioridades nacionales.

La desaprensión con que se definió el tema de la libre navegación de los ríos después de Caseros confirma los equívocos intelectuales y los compromisos espurios que justificaron acciones definitivamente desgarradoras. Los ríos interiores se rigen por la legislación nacional del respectivo país o por las reglas que acuerden las naciones con intereses sobre el particular, dice Jaime Gálvez, quien agrega que tal ha sido el caso del Rin, el Danubio y el Congo en unos aspectos, y el del Támesis, el Sena y el San Lorenzo, en otros. Lo paradójico es que el Brasil conquista la apertura de nuestras vías fluviales mientras cierra los afluentes brasileños y "echa la llave en el Amazonas para las naciones aledañas de sus vertientes" (*Rosas y la libre navegación de nuestros ríos*).

Sarmiento da la clave de la deserción argentina —mejor dicho, unitaria—, desde el punto de vista geopolítico, y de las espurias lealtades que han tergiversado la historia, negado nuestros intereses y salpicado reputaciones intachables. Escribe a Mitre el 13 de octubre de 1865 desde Yungay, Chile: "Yo he permanecido casi dos meses en la Corte de Brasil, en el comercio casi íntimo de los hombres de Estado de aquella nación y conozco todos los detalles, General, y los pactos y transacciones por los cuales entró S. E. en la liga contra Rosas [...] Se me caía la cara de vergüenza al oírle a aquel enviado referir la irritante escena y los comentarios: Sí, ¡los millones con que hemos tenido que comprarlo [a Urquiza] para derrocar a Rosas!" (Juan J. Cresto, *La correspondencia que engendró una guerra*).

En una atmósfera diferente, éticamente más sana, cuidadosa con severidad del interés nacional estadounidense, la convocatoria washingtoniana reiteradamente escuchada, leída y debatida en el contexto de exaltación permanente y sin tregua de los valores nacionales y de sus protagonistas, debe haber configurado para las masas inmigrantes una espléndida y casi rutinaria guía de los derroteros de la patria de adopción y el testimonio de éxito, cuya síntesis la pone de manifiesto el desempeño ascendente del país en casi todas las manifestaciones de la vida nacional.

Un panteón nacional sin exclusiones lo confirma y constituye, además, un elemento unificador y de comprensión por excelencia. Allí conviven los generales Ulyses S. Grant y Robert Lee. Éste perdió gallardamente una costosa guerra civil y motiva, sin embargo, incesante literatura, al igual que aquél, aunque cargue con una cuestionada presidencia (1869-1877). A pesar del duro enfrentamiento, Grant reconoció en un adversario, el general Samuel Johnston, a un inigualable sureño (Russell Young). La admonición final de Lee a sus soldados: "Sean buenos ciudadanos en una nación unida y depongan rencores" (Bevin Alexander), confirma un espíritu de conciliación que nos resulta extraño, sobre todo después de Caseros. El unánime reconocimiento de las cualidades estratégicas de Lee, inclusive sobre las de su vencedor, el general Grant, denuncia una historia no escrita con animosidad y en provecho de facciones. Vale la pena subrayarlo.

IMPOSTURAS HISTÓRICAS Y CONCIENCIA NACIONAL

Nosotros, los argentinos, no hemos tenido la misma fortuna que se deduce del experimento norteamericano, por decirlo de alguna manera. Las razones de partido que tanto fastidiaban a San Martín y a Washington han prevalecido en el Río de la Plata. La tarea interna y externa de los emigrados argentinos ha dificultado la paz interior, fomentado la insurgencia y anarquía y ha obstaculizado la reconciliación después de Caseros.

Las tercas imposturas y el ocultamiento de episodios que hacen a la esencia de la memoria colectiva han terminado por desfigurar nuestra identidad, porque han corrompido de manera arbitraria la forma de mostrar y explicar nuestros desencuentros. Es como si nada cotidiano nos relaciona, nos convoca; que poco hay para defender. Es como si fuéramos forasteros o gente de paso en nuestra propia patria. Ello, obviamente, no ofrece una atmósfera constructiva.

En ese contexto de confusiones culturales y de criterios maniqueos para juzgar comportamientos, las olas inmigratorias promovidas sin rigor científico, sociopolítico o estratégico algunos, y cuya magnitud ha excedido, en términos relativos, los registros contemporáneos de los Estados Unidos, Australia y el Brasil, agregaron, sin proponérselo, más desorientación al confuso y desarraigado panorama argentino.

Para confirmar el aserto, basta recordar que en la década de 1890 la contribución inmigratoria al crecimiento poblacional representó entre nosotros el 27 por ciento, mientras que en Australia rondó el 14 por ciento y en los Estados Unidos apenas superó el 9 por ciento, siempre en el mismo período (Marcelo Lascano, *La economía argentina hoy*). En un estudio reciente ("Ved en trono a la noble igualdad. Crecimiento y equidad en la política económica argentina"), Pablo Gerchunoff y Lucas Llach destacan de manera enfática que en esa época "la Argentina fue el país en el que la proporción de inmigrantes llegó a ser [la] más alta del mundo".

Obsérvese, por ejemplo, que en 1914 en los Estados Unidos se registraban 1,5 extranjero por cada 10 habitantes, mientras que en nuestro país el número ascendía a 3. Helio Vianna, en su *Historia de Brasil*, formula interesantes consideraciones sobre admisión y radicación de extranjeros. Ellas ilustran sobre cómo la política no es ajena a un fenómeno que debe merecer especial atención. Torcuato Di Tella apunta que "En Chile, o en Brasil, nunca hubo más del 5 por ciento de inmigrantes", el "chileno típico tiene algún antepasado en 1810, acá no" (reportaje en *Debate*, 19-12-2003).

Sarmiento fue, junto con Alberdi, otro fuerte partidario de la inmigración extranjera. En *Argirópolis* se refiere a la "necesidad para aumentar la población, la riqueza e introducir el conocimiento de las artes y de la ciencias". Sin embargo, años más tarde denuncia su arrepentimiento, inducido por la falta de criterio que ha prevalecido en la política inmigratoria, si se le puede denominar así a esa gestión. "Qué chasco nos hemos dado con la inmigración extranjera", afirma en una carta a José Posse, sin ahorrar adjetivos para justificar sus fuertes y desfavorables opiniones (*El Diario*, 12-9-1887).

Lucio V. López, tampoco se quedó atrás. En su alocución con motivo de la colación de grados en la Facultad de Derecho se preguntaba frente al público qué pasaría en el futuro cuando las multitudes que veía desembarcar en el puerto de Buenos Aires llegaran a ejercer funciones políticas relevantes sin la debida información sobre el país, su historia y sus tradiciones. Obviamente, lo hacía para reflexionar, no con espíritu sectario sino, más bien, con un sentido estratégico como el que ilustra otras experiencias nacionales; precisamente, para afirmar y enriquecer la identidad nacional.

Las observaciones eran correctas, y aun más, oportunas, pero llegaban un poco tarde para corregir las consecuencias no deseadas de un singular fenómeno, visto desde el punto de vista de su envergadura y gravitación en la vida social. La primera ley de inmigración se sancionó en 1876. Según lo advirtió tempranamente Alejandro Korn, lo peor en el contexto imperante era el "desarraigo", aunque recuerda que, sin embargo, algunos inmigrantes encontraron nuevos motivos para echar raíces.

Dada su recurrente magnitud, debe haber sido un fenómeno de significativas proporciones y consecuencias personales. Recuérdese que entre 1860 y 1940 entraron en el país seis millones y medio de extranjeros, de los cuales tres millones partieron en diferentes momentos hacia otros destinos (V. Vázquez Presedo, *Crisis y retraso*). No se trata de guarismos sin trascendencia para el análisis histórico y social. Incluso la composición según países de origen dio lugar a especulaciones sociológicas de relevancia para enfocar el desarrollo económico argentino (Carlos A. Waisman, *Reveresal of Development in Argentina*).

Aquellas sinceras reflexiones de hombres de distintas generaciones e inclinaciones intelectuales diversas no deberían desestimarse a la hora de discurrir sobre nuestra personalidad cultural y los fuertes desencuentros políticos y sociales que ilustran la vida argentina durante las décadas que siguieron a la batalla de Caseros.

La confusión debe de haber sido enorme para que un autor destacado como Puiggrós haya podido afirmar en 1940 que Caseros vino a salvar a la Argentina no sólo "de la opresión y del atraso, sino de caer en manos del dominador extranjero" (ob. cit.), cuando sucedió exactamente lo contrario, según refleja la abundante bibliografía y los antecedentes definitorios proporcionados por Estanislao Zeballos y Bernardo de Irigoyen, entre otros.

La influencia de oleadas inmigratorias sin dirección ni destino no constituye un dato menor para el análisis histórico y sociológico de nuestra identidad, cuya corrupción, en términos de falta de armoniosa conservación de tradiciones y asimilación de otros hábitos, tampoco deja de ser un tema importante. En esa inteligencia, vale la pena recordar que en 1914 la mitad de los habitantes de Buenos Aires procedía de otras latitudes, y habían sido recibidos, lamentablemente, sin estrategias de admisión que contemplaran las consecuencias en los ámbitos de la cultura y del porvenir previsible.

Un insospechado Otto Burgos agrega que, en ese entonces, el 59 por ciento de los obreros industriales eran extranjeros, y que dentro del 41 por ciento restante se contaban argentinos naturalizados (*El marxismo y la revolución argentina*). Esa fenomenal desproporción había sido observada por Gino Germani cuando examinó estadísticas ocupacionales correspondientes a 1895. Los extranjeros representaban el 81 por ciento de los industriales, el 74 por ciento de los comerciantes y el 60 por ciento de los obreros industriales (N. Rodríguez Bustamante, *Hacia una Argentina posible*).

Ahora bien, es muy probable que esas estructuras ocupacionales, donde la presencia minoritaria de nativos es excepcional para la época, hayan ejercido incuestionable influencia en la construcción del lenguaje, en su cadencia sonora y en expresiones que denuncian fuertemente algún desarraigo. Eso sucede, por ejemplo, cuando decimos "este país", en lugar de "nuestro país" o "mi país", como si viniéramos de lejos o abrigáramos algún íntimo deseo de retorno al lugar de origen. Por supuesto, la interpolación de giros idiomáticos o reclamos institucionales ajenos a nuestra idiosincrasia no es un hecho nuevo. Hace varias décadas, en "Buenos Aires City", Marcos Victoria observó el fenómeno como una verdadera desviación cultural.

Pronunciados grados de indiferencia, junto con el fastidio que siempre suscitan algunos fundados cuestionamientos políticos y sociales, dejan la sensación de que se ha buscado congelar la interpretación del pasado y que se descuenta que su revisión, que es parte de la esencia de la labor histórica sincera, esterilizaría ignotos e imprecisos esfuerzos de dirección desconocida, cuando, en verdad, son las revelaciones de los hechos verdaderos, objetivos e imparcialmente considerados las únicas fuentes esclarecedoras para encarar acciones políticas lúcidas y provechosas, susceptibles, además, de preservar las tradiciones que sustentan la vitalidad de los pueblos.

Debe subrayarse que entre nosotros la incorporación del inmigrante no estuvo acompañada de pautas políticas específicas que, de alguna manera, permitieran —como sucedió en los Estados Unidos, por ejemplo— preservar la tradición y absorber de manera paciente los nuevos comportamientos sociales sin lesionar la necesaria continuidad para entenderse. La eventual combinación generó en el Norte una nueva cultura enriquecida y en proceso de constante y saludable evolución, pero sin abdicar de las raíces fundacionales que le dan una inconfundible impronta.

El silencio, por no decir el ocultamiento durante décadas de los conflictos internacionales de la Confederación y de su feliz resolución entre 1829 y 1850, lo mismo que el pertinaz disimulo con que se muestra la gestación de Caseros y la vergonzosa colaboración de emigrados al servicio de la extranjería, magistralmente expuesta por José María Rosa (*La caída de Rosas*), no son cuestiones intrascendentes a la hora de juzgar participaciones, de distribuir glorias y de cristalizar la conciencia nacional sobre la base de la verdad entendida a partir de los hechos y no de las ficciones rituales.

Para confirmar ese aserto, me gustaría recordar, por ejemplo, que en su obra *Economía y finanzas contemporáneas*, publicada en 1938, también el doctor Isidoro Ruiz Moreno, al ocuparse del financiamiento de las guerras internacionales que la Argentina protagonizó en el siglo XIX, omite los conflictos internacionales de la Confederación que, paradójicamente, ocuparon la atención de políticos, historiadores y legislaturas europeas y estadounidenses.

La difusión encontró eco, entre otros, en el *New York*

Sun (Estados Unidos) del 5 de agosto de 1845, el *New York Herald* (Estados Unidos) del 7 de septiembre de 1845, *El Grito de Amazonas* (Brasil) del 9 de agosto de 1845, *O Centinella da Monarchia* (Brasil) del 20 de agosto de 1845, *El Tiempo* (Chile) del 15 de agosto de 1845 y muchas otras publicaciones periódicas de la época, todas condenando con fuertes términos los atropellos contra la soberanía argentina (Jorge O. Sulé, "Las repercusiones internacionales de la Batalla del Paraná"). En 1840 el embajador de Rusia en Washington elogió ante el embajador Alvear la firmeza del Gobernador argentino frente a las agresiones y prepotencia, entonces, de Francia (Mario Guillermo Saraví, *La Convención Arana-Mackau*).

El ocultamiento de acontecimientos constitutivos o fundacionales supone un imperdonable disparate de proporciones, porque la omisión significa esconder o subestimar lo verdadero, lo que sirve al orgullo nacional bien entendido, lo que recuerda las glorias pasadas, que, con Ortega y Gasset, se ligan al concepto de patria y de tradición.

Cómo habrá sido de trascendental la gesta de la Confederación durante los bloqueos internacionales arbitrariamente emprendidos por las potencias coloniales de entonces, Inglaterra y Francia, que el secretario de Estado James Buchanan se manifestó el 30 de marzo de 1846 en favor de la respuesta armada argentina como reacción justa.

En la misiva, el futuro presidente de los Estados Unidos afirmó: "Cordialmente desearía el éxito de la República Argentina en su lucha contra la intervención extranjera". Así, seguía las palabras condenatorias previas de lord Aberdeen contra la agresión (H. S. Ferns, *Gran Bretaña y la Argentina...*, ob. cit.).

Vale la pena recordar que la nota de Buchanan no es

un cumplido diplomático de los tantos que ilustran las relaciones externas de las naciones. Su predecesor en el Departamento de Estado, John Calhoun, llegó a afirmar frente al hostigamiento anglo-francés (1845) que el "general Rosas era el hombre más eminente que jamás había producido la América del Sur", razón por la cual "reclamaba que el gobierno del general Rosas fuera sostenido hasta donde fuese practicable".

El enfoque favorable al dictador argentino tenía mucho que ver, también, con el temor norteamericano de que las embestidas en el Río de la Plata se repitieran en el hemisferio norte, con grave desmedro para los Estados Unidos (C. Goñi Demarchi *et al., Rosas, Washington, Lincoln*).

Como sería la preocupación, que el decimotercer presidente estadounidense, Millard Fillmore, en ocasión de hacer examen de las circunstancias internacionales en su discurso inaugural ante el Congreso (1850), llegó a afirmar que "El general Rosas ha enarbolado una bandera en la que está escrita con letras indestructibles la línea democrática de su país, y en el reverso Independencia, pero no como vanas palabras" (C. Goñi Demarchi *et al.*, ob. cit.).

Resulta inexplicable que acciones bélicas de trascendencia ecuménica y que expresiones favorables al desempeño del Jefe de la Confederación que constituyen verdaderos reconocimientos históricos, estén expuestas, por las razones que fuere, a permanecer ocultas por un arbitrario manto de olvido, cuando deberían representar una poderosa referencia en favor de la unidad y del orgullo nacional bien entendido, o sea, como elemento unificador y de afirmación de la nacionalidad.

Empero, no es así. En el libro del general Alberto Maffey, *Crónica de las grandes batallas del Ejército Argenti-*

no, publicado en el año 2000, se repite la omisión en la que Ruiz Moreno incurrió sesenta años antes, pues tampoco trata en sus páginas los bloqueos de Francia (1838) y de Inglaterra y Francia (1845), ni la guerra contra la Confederación Peruano-Boliviana que estalló en 1837. Inexplicablemente, lo mismo sucede ahora con el nuevo libro de Félix Luna, *Los conflictos armados*, donde también se hace caso omiso de acontecimientos que honraron a nuestras armas y dieron celebridad a sus hombres.

Si no hubiera una suerte de sistematización, tal vez hoy inconsciente, de los presupuestos intelectuales que bloquean el reconocimiento del pasado, José S. Campobassi (*Mitre y su época*) no habría podido considerar esa gestas que tuvieron trascendencia internacional en el siglo XIX como "cuestiones enojosas" con Inglaterra y Francia. Se trató de incursiones imperialistas, de transgresiones al derecho de gentes, de verdaderas provocaciones, precisamente porque estaban en juego dos aspectos no negociables para el honor argentino: la independencia y la unidad nacional. Por eso, Juan Manuel de Rosas merece un reconocimiento ecuménico como esos que pocas veces se dispensaron a un héroe nacional.

Si no median fuertes razones ideológicas o descuidos profesionales, resulta difícil explicar que acontecimientos trascendentales en la vida del país no encuentren cabida en obras que específicamente se ocupan de las guerras y de su financiamiento en las etapas formadoras de la nación. El profesor Tulio Halperin Donghi, por su parte, no queda al margen de ese espíritu tan peculiar cuando considera que algunos de los conflictos de la época eran empresas militares de necesidad discutible (*Guerra y finanzas en los orígenes del Estado argentino*).

El presidente de la Academia Nacional de la Historia, don Miguel Ángel de Marco, en una nota dedicada a los "Héroes sin bronce" (*La Nación*, 1-2-2004), destaca el valor y las hazañas de compatriotas que consagraron sus vidas a la patria. Empero, tampoco menciona el heroísmo de Lucio Norberto Mansilla y sus hombres en la Vuelta de Obligado (1845), no obstante haber sido un episodio nacional que atrajo la atención del mundo, precisamente por el heroísmo de nuestras tropas en un contexto de ostensible inferioridad militar. La gesta es tan conocida como otras que el autor menciona, aunque éstas son de menor trascendencia geopolítica y cultural. El tema central es que Obligado revela no sólo el temperamento argentino sino también la ambición imperial de las potencias agresoras y nuestra formidable capacidad de respuesta, cuya evocación siempre es bueno ventilar para salir de la anomia dominante.

Refiriéndose a la batalla de Obligado, que, sabemos, resultó conmovedora por las arbitrariedades en juego, Lilia Bertoni y José Luis Romero (ob. cit.) subrayan que fue "un combate desigual" que hizo recapacitar a los ingleses porque, a fin de cuentas, habían hecho negocios con Rosas (?). Se trata de una interpretación parcial y mezquina, porque omite el heroísmo de las tropas, el papel de San Martín tratando de convencer a los ingleses, a través de Jorge Dickson, del absurdo de la aventura militar y, queriéndolo o no, retacea la difusión de glorias que unifican el espíritu de la nación. Todo eso para destacar un obsesivo espíritu de clase en Rosas y los ganaderos y una interpretación materialista de los sucesos, incapaz de registrar la gloria y el desprendimiento como testimonios de espíritus excepcionales.

En Montevideo, muchos emigrados nativos trabajaron

y vivieron al servicio de Francia, y llegaron a colmar la paciencia de sus diplomáticos con exigencias pecuniarias desproporcionadas. Otros, queriéndolo o no, han servido a los intereses de países rivales como el Brasil. Florencio Varela, por ejemplo, junto con el vizconde de Abrantes abogó ante la Corte de St. James desde 1844 en favor de la intervención del Reino Unido contra la Confederación Argentina para eliminar al impropiamente llamado Calígula del Plata. En 1846 Esteban Echeverría también reclamaba desde el Uruguay por la deposición de Rosas, a la sazón en guerra nada menos que contra la invencible alianza francobritánica.

Lo cierto es que derrotaron a Rosas, y los brasileños pasearon por Buenos Aires y "pasaron la factura": devolver la deuda gigantesca contraída merced a los buenos oficios del Barón de Mauá para financiar al ejército "libertador", reconocer la libre navegación de los ríos interiores y, de paso, asegurarse una influencia decisiva en la cuenca del Plata. Con ello, nuestros actuales socios hicieron gala de una formidable concepción geopolítica porque lograron lo que no habían podido conseguir antaño los portugueses, secularmente seducidos con la misma empresa conquistadora.

Esa formidable operación fue advertida por un contemporáneo como Woodbine Parish en la obra ya mencionada, donde reconoce con impecable claridad "la parte decisiva que el Brasil ha tomado, sosteniendo abiertamente la revolución encabezada por los gobernadores de Entre Ríos y Corrientes contra la autoridad del general Rosas". Negarlo no agrega nada, oscurece el pasado y dificulta la interpretación del presente.

Poco tiempo después, con la guerra de la Triple Alianza (1865-1871), la Argentina cede y el Brasil sigue ganando espacio a expensas de los vecinos. Después de tantos extravíos, los más fieles a la verdad se quedaron con el cargo de conciencia, y el país todo, con una gigantesca deuda con el Brasil, para servir, en última instancia, los intereses del Imperio. "Una pinturita", diría uno de nuestros jóvenes.

Como no podía ser de otra manera, Buenos Aires se separó rápidamente de los federales de Urquiza y nuevas amenazas de desintegración dominaron la escena. El distanciamiento duró casi una década. Hasta entonces, de la aventura resultaron dos países y, a la larga, un destino desgarrador. La reconciliación no trajo los resultados anunciados, y hasta 1880 la pacificación resultó virtualmente una quimera en un contexto de extravíos que sólo la indolencia cultural o los intereses creados podrían negar.

A setenta años de la Revolución de Mayo, la "cuestión capital" de la República todavía no estaba resuelta. En el ínterin, cuando en 1854 Urquiza había instalado el gobierno en Paraná, esta ciudad se había convertido en capital de la Confederación hasta que la relación con Buenos Aires se normalizara. Pero al margen de ello, y como consecuencia de tantos contratiempos políticos, las autoridades nacionales durante varios meses de 1880 tuvieron que establecer su asiento en el barrio de Belgrano.

La ilusoria paz interior, al igual que la precaria unidad nacional, no fueron el resultado espontáneo de la Constitución de 1853 ni de la vigencia de los expedientes civilizados que Sarmiento reclamaba a los bárbaros caudillos (según testimonio de imparcial literatura de José Hernández, entre otros). Se lograron bajo el imperio de la ley del garrote, aunque no convenga su difusión. Las preciadas cabezas de Ángel Vicente Peñaloza y de Ricardo López Jordán resultaron ser significativos y celebrados trofeos.

Aquí es oportuno hacer un paréntesis, porque el general Urquiza, el "libertador", confirma la telaraña de imposturas que se ha extendido sobre la historia argentina y, a la vez, descorre el velo que oculta los intereses políticos que han gravitado de manera significativa en la vida de la República antes, durante y después de Caseros. El 24 de agosto de 1858 le dirige una misiva a Rosas donde le reconoce, textualmente, que los que contribuyeron a su caída (se refiere a él mismo) "no olvidan la consideración que se debe al que ha hecho tan gran figura en el país, y a los servicios muy altos que le debe y que soy el primero en reconocer, servicios cuya gloria nadie puede arrebatarle y son los que se refieren a la energía con que siempre sostuvo los derechos de la Soberanía e Independencia Nacional" (Jaime Gálvez, *Revisionismo histórico constitucional*).

El arrepentimiento no repara el daño material y espiritual causado desde Caseros, ni la sinceridad que más adelante prodiga en obsequio de la verdad histórica puede curar la lesión enorme que sufrió la Confederación al quedar cautiva de acuerdos bastardos, cuya influencia perpetua ha degradado sistemáticamente al país, a extremo tal que la política, la economía y, sobre todo, la diplomacia, han quedado condicionadas a un nuevo estado de cosas —justificador— despojado de los valores pasados que le dan sustento y continuidad a la nación.

"Urquiza hará casi todo lo que yo le diga", dice el Barón de Mauá en testimonio recogido por la profesora Susana Rato de Sambuccetti en su documentado trabajo "Urquiza y Mauá". A renglón seguido, la autora agrega ingenuamente que ambos "creyeron que los lazos económicos unen más a los países y a los hombres que la mejor política exterior". Me parece que la visceral codicia brasileña y la militancia del personaje de marras desmienten tan generosa apreciación, independientemente del deber del banquero de servir a los intereses del Brasil.

De los estudios de Joseph T. Criscenti (*The Campaign against Rosas: Minutes of Conferences on Military Plans*) se deduce acabadamente la incómoda dependencia del general Urquiza respecto de los brasileños. Según el autor, que examinó las minutas que registraban los planes militares, en esa atmósfera prevalecía el general Eugenio Garzón y a él se dirigía el uruguayo Manuel Herrera y Obes, que a la sazón oficiaba como general en jefe. El "disgusto" del entrerriano resultaba indisimulable por la subordinación que delataban las circunstancias, pero estaba preso de sus compromisos y no tenía alternativa. No podía ser de otra manera, si se consideran los errores cometidos por el futuro vencedor de Monte Caseros, cuya reputación, incluso, cuestionó Sarmiento.

Bien, de seguro consciente de sus equívocos, Urquiza confiesa: "Toda la vida me atormentará constantemente el recuerdo del inaudito crimen que cometí al cooperar, en el modo en que lo hice, a la caída del general Rosas. Temo siempre ser medido con la misma vara y muerto con el mismo cuchillo, por los mismos que por mis esfuerzos y gravísimos errores he colocado en el poder" (Antonio Zinny, *Historia de los gobernadores*, citado por Jaime Gálvez en *Revisionismo...*). Desafortunadamente, debería haberlo previsto antes, cuando lo cortejaban los conspiradores unitarios asociados con los brasileños, que, inteligentemente, tenían aspiraciones más elevadas. *Veritas filia temporis*.

El levantamiento de Mitre en 1874, el de Carlos Tejedor en 1880 o el del Parque en 1890, muestran definitivamente la verdadera atmósfera política y social. Luego, las insurrecciones radicales en 1893, 1897 y 1905 confirman el contexto. No se entiende, entonces, cómo Norberto Rodríguez Bustamante puede proclamar alegremente "la importancia de la pacificación no sólo a partir de la caída de Rosas [...] sino después de la segunda conquista del desierto" (*Hacia una Argentina posible*). Cuando el dictador reprimía levantamientos era tirano, cuando los vencedores de Caseros hacían lo mismo eran restauradores del orden. ¿En qué quedamos?

Las cosas fueron diferentes en los Estados Unidos. A ningún norteamericano normal se le hubiera ocurrido desacreditar al general Lee porque perdió la Guerra de Secesión o cuestionar al general Washington porque en la campaña militar de Nueva York-Filadelfia la suerte le fue adversa en cinco de siete enfrentamientos con Inglaterra.

Aunque Benjamin Franklin no fue al principio un entusiasta de la revolución, no resultó calumniado y menos subvaluado como prócer. Vivió obsesionado con la expansión hacia el Pacífico e influyó decisivamente para conseguir ese logro.

La inicial ofensiva geopolítica norteamericana no sólo fue sólidamente compartida; generó, además, la atmósfera conquistadora que medio siglo después se definió como "destino manifiesto", según la feliz expresión de John L. O'Sullivan que atestigua la inquebrantable búsqueda del Oeste como uno de los grandes logros territoriales de la joven nación (Paul Johnson, *A History of the American People*).

Entre nosotros, antes, durante y después de Caseros se fantaseó y mintió en torno de la política internacional de Rosas hasta extremos que han sido reconocidos inclusive por cerriles adversarios del régimen como Alberdi y el mismo Urquiza, que no ocultó su tardía indignación frente a esas imposturas, las mismas que todavía circulan, en parte, por influencia directa de algunos deudos, para quienes resultaría ingrato contemplar la caída de estanterías adornadas con ilustraciones de sus antepasados. La acalorada discusión que rodeó recientemente la iniciativa de compartir tramos en la avenida Sarmiento en Buenos Aires incluyendo el nombre de Rosas mostró la desproporcionada irritación de algunos descendientes, cuyos argumentos revelaron una ignorancia supina de las historias familiares y generales.

Mientras en el Norte, y también en el Brasil y en Chile, el enfoque territorial de la política aparecía como definición irrenunciable, desde Caseros constituye para nosotros una cuestión menor, según confirman sólidos y reiterados precedentes históricos. Es que, en caso contrario, si se revalorizara la geopolítica, habría que rehabilitar al dictador depuesto y condenar las sistemáticas pérdidas de espacio que enganchan a quienes tempranamente expulsaron a Artigas, negaron recursos a San Martín en Chile y Perú, se desentendieron del Uruguay, bastardearon el triunfo de Ituzaingó, proclamaron durante casi una década la legitimidad de las pretensiones trasandinas a la Patagonia, cedieron la libre navegación de los ríos y, virtualmente, la cuenca del Plata al Brasil, a la sazón un hecho extraño en la experiencia jurídica y de política comparada.

Todo ello amerita no olvidar la pacífica pérdida de las Misiones jesuíticas, el reconocimiento de la independencia del Paraguay —una aspiración brasileña rápidamente satisfecha— y otro absurdo de cuño argentino: la proclamación de la doctrina Varela, que sostuvo que "la victoria no da derechos para fijar los límites". Con esa metodología, los unitarios difícilmente habrían podido detener las embestidas lusitanas y la doctrina expansionista que las sustenta.

Como consecuencia de esos extravíos, a fin del siglo XX el Brasil se ha transformado en una potencia regional. Sólo el conocimiento de la historia puede, en parte, explicar eso sin lagunas. Cecilia González Espul (*La guerra de la Triple Alianza*) desarrolla un pormenorizado análisis de las reiteradas pérdidas territoriales argentinas y de la provechosa gestión brasileña para ocupar territorios, expresión ésta que no debe interpretarse como contraria al Brasil sino como impugnación contra gestiones nativas desventajosas para la Argentina. Mientras los unitarios consentían, en 1843 el *premier* sir Robert Peel reconoció el derecho argentino a cerrar el Paraná, recuerda John Lynch.

Jorge Mayer, destacado panegirista de Alberdi y hombre abiertamente independiente de actitudes revisionistas, denuncia sin ambages la indiferencia geopolítica resultante de la caída de Rosas. Dice, aludiendo a los objetivos del Imperio respecto del Paraguay, "que el gobierno porteño, en vez de plantarse en su ayuda, se alió inesperadamente al adversario secular". Y agrega, siguiendo a Estanislao Zeballos: "La Triple Alianza, desastrosa moral, diplomática y financieramente, nos hizo perder la situación normalmente aliada del Uruguay, sustituida trágicamente por hombres adictos a Brasil [...] produjo la desmembración argentina en el Chaco en una extensión de treinta mil leguas cuadradas de rico territorio, y en la Patagonia, donde la diplomacia brasilera prestó ayuda decidida a Chile hasta doce mil leguas" (*Estudios sobre Alberdi*).

Desafortunadamente, la denominada Generación del 80 desaprovechó la oportunidad de corregir los excesos y amortiguar los efectos de decisiones relacionadas con los miembros más conspicuos del Grupo de los 60 (Mitre, Sarmiento, y Avellaneda en la década siguiente), que debió hacerse cargo de los ingentes gastos de sus predecesores y de los costos de la cuestionable guerra contra el Paraguay, además de los servicios de una considerable deuda pública.

Por lo demás, tampoco se encararon ajustes en una diplomacia que después de Rosas mostraba fuertes debilidades estratégicas, salvo intervenciones personales destacables. Es más, como debía borrarse todo rastro que confirmara la jerarquía de la diplomacia de la Confederación a cargo de Felipe Arana, archivos y antecedentes valiosos se extraviaron para siempre.

Este desafortunado episodio fue expresamente reconocido por Sarmiento. El 16 de diciembre de 1865, en carta a Avellaneda desde Nueva York, dice: "Necesito y espero de su bondad me procure una colección de tratados argentinos, hecha en tiempos de Rosas, en que están los tratados federales, que los unitarios han suprimido después con aquella habilidad con que sabemos rehacer la historia" (Pacho O'Donnell, *Juan Manuel de Rosas*). Otro testimonio de las imposturas que salpican la historia, y van...

Cuenta Estanislao Zeballos en *Diplomacia desarmada* que en 1884 el general Mitre estaba desencantado con el Brasil. Una década antes (1872), en sus conversaciones con el emperador Pedro II habían condenado sin disimulo la paz armada, aunque el gabinete de este último pensara de otra manera (?). No obstante esa significativa definición, los vecinos se resistían a deponer su exitoso y tradicional instinto expansivo. Como inteligente y patriótica respuesta, Don Bartolo auspició enseguida desde Rio de Janeiro el rearme argentino y la concentración de tropas en la frontera de Río Grande.

Así quedó silenciosamente reivindicado el juicio estratégico de Rosas respecto de la amenaza imperial, nada menos que por parte del hasta hoy su más acérrimo, eterno enemigo. Pero, una vez más, era tarde. La diplomacia desarmada instalada después de Caseros vino para quedarse... los resultados de sus extravíos se potencian con irreprimible firmeza hasta hoy. Es una verdadera lástima que Roberto Russell y Juan Gabriel Tokatlian, en *El lugar de Brasil en la política exterior Argentina*, no hayan examinado las relaciones con el vecino desde los albores de la Independencia. Es la única forma de entender una relación necesaria pero, para nosotros, perdidosa.

Al estar más distantes de los hechos, digamos, fundacionales del régimen que se consolida con Caseros, aquellos mandatarios tenían un amplio margen de maniobra para renovar abiertamente las antiguas prácticas y contaban con personajes con envergadura suficiente para conseguirlo, como Mariano Fragueiro, Emilio Civit y otros tan influyentes como Vicente Fidel López, Miguel Cané, Dardo Rocha, Adolfo Alsina o José Hernández (aunque debe recordarse que sus posibilidades estaban disminuidas debido a la influencia del acuerdismo y del unicato ya mencionado, siempre bajo la inteligente conducción del general Roca y la atenta vigilancia de don Bartolomé Mitre).

En vez de tratar de recuperar valores y de rescatar glorias que sirvieran de argamasa para un futuro más estable, se volvió a los extravíos y conflictos que, en nombre del liberalismo, profundizaron las antiguas desinteligencias argentinas, pese a la situación de progreso material y a la existencia de significativos flujos de ese capital extranjero cuya magia tanto ha cautivado a algunos oídos.

Sarmiento intenta corregir en parte la versión maniquea que tanto daño le ha hecho a la cultura argentina, pero su sinceridad —que no puede dejar de puntualizarse—

tuvo poca trascendencia, como ha sucedido siempre que la leyenda negra aparezca cuestionada. En su *Esbozo de biografía de Dalmacio Vélez Sarsfield*, el sanjuanino busca esclarecer el escenario que le tocó vivir y la atmósfera intelectual que contribuyó a erigir, según palabras que están en línea con varios vuelcos que experimentó en su larga vida, sobre todo durante y después de la presidencia (1868-1874).

"Rosas era un republicano —dice—, era la expresión de la voluntad del pueblo [...] No todo era terror, no todo era superchería. Grandes y poderosos ejércitos lo sirvieron años y años impagos [...] Grandes y notables capitalistas lo apoyaron. Entusiasmo, verdadero entusiasmo era el de millones de hombres que lo proclamaban el Grande Americano. La suma del poder público, todas palabras vacías como es el vacío del abismo, le fue otorgada por aclamación", como lo revelan los guarismos mencionados más arriba y que el gran sanjuanino nunca ha cuestionado.

Aquí es oportuno recordar que las asociaciones de extranjeros demuestran que, excepto los períodos de conflicto, la Confederación no era un lugar detestable. Alberto Dodero y Philippe Cros, en su libro *Aventura en las pampas*, dicen que "durante el período rosista, una veintena de artistas franceses (pintura y grabado) trabajó en la Argentina". Además, huelga recordar que el Hospital Francés se funda en 1832, el Club de Residentes Extranjeros se establece en mayo de 1841 y el Hospital Británico, en 1842. Resultaría difícil explicar estos fenómenos en el contexto tiránico cuya existencia denuncian con deleite los operadores históricos de intereses creados.

Pero el sinceramiento que supone aquella declaración del entrerriano no sirvió para rescatar al país de la confusión y de los frutos de las antiguas imposturas. El cambio material que, efectivamente, sucedió después de Caseros —y no sin contradicciones reprobables—, no estuvo acompañado, sin embargo, de las ilusiones, de los ideales que hacen duraderas las empresas políticas, y mucho menos de un razonable afianzamiento de la moral pública, cuyo precario estado lo destacaron sin disimulos Juan Balestra, Julián Martel y un insospechado historiador como fue don Ricardo Levene.

Bancos garantidos, emisiones clandestinas de dinero, conversiones insostenibles y fracasadas, endeudamiento gigantesco, déficit fiscales considerables, abusos de fuertes compañías extranjeras como los que denunció tempranamente otro insospechado, el doctor Salvador Oría, en su libro *La Argentina y la nueva economía* (1945), constituyen testimonios invalorables para conocer que pasó en los años 70 y 80 del siglo XIX.

Bernardo de Irigoyen y Estanislao Zeballos, ambos descollantes protagonistas de la historia argentina, no se han quedado atrás en las demoledoras críticas. Seguramente, es por alguna de esas razones que las recurrentes crisis argentinas y las frustraciones que las constatan constituyen desde siempre un incesante atractivo intelectual.

Nos falta un programa común y tampoco compartimos una historia patria, como lo demuestra el distante proyecto entre unitarismo y federalismo, en tanto el primero siempre representó la primacía de los intereses mercantiles y financieros subordinados al capital extranjero, mientras el segundo privilegió la defensa del patrimonio nacional y un enfoque económico decididamente productivista, según se deduce de la Ley de Aduanas (1835). También carecemos de cantos jubilares (Eduardo Mallea), como si nada hubiera para festejar, a pesar de los ostensibles logros conquistados en diversos aspectos de la vida nacional. Si nos falta un programa común, si no compartimos una historia patria, si carecemos de cantos jubilares, aquí hay algo que no funciona.

Averiguarlo con imparcialidad, rectitud de juicio y a partir de los hechos y de las circunstancias dominantes no parece un desafío intrascendente. Las futuras generaciones deberían afrontarlo sin las mezquindades que han poblado la experiencia cultural argentina durante un par de siglos, con algunas excepciones que, sin embargo, no han podido torcer el rumbo. Dice Alain Touraine (y parece que eso también se desprende de este trabajo) que "a los argentinos les falta conciencia nacional" (*La Nación*, 18-4-2004). Recuperarla parece un imperativo que no debería pasarse por alto. "Yo no conozco ningún caso de un país que se haya desarrollado sin tener una fuerte conciencia nacional", agrega el sociólogo galo.

DESVIACIONES CULTURALES Y ANOMIA COLECTIVA

Los contratiempos que se deducen del capítulo anterior encuentran parte de su razón de ser y se expresan en la anomia dominante, entendida como la desviación casi sistemática del orden natural o normativo que hace viable y pacífica la vida en sociedad. Como consecuencia, la transgresión en casi todas las manifestaciones de nuestra existencia se ha ido convirtiendo en un verdadero deporte que se practica con alto grado de impunidad y, para peor, de aceptación.

En parte, ese fenómeno puede responder directa o indirectamente a patologías, indiferencia o desarraigos instalados en algunos rincones del alma colectiva, donde tampoco serían extraños algunos sentimientos de no pertenencia que se manifiestan de esa inconveniente manera.

No es para menos. Necesariamente, la negación de la historia, la tergiversación de logros y de valores convocantes y unificadores para la conciencia colectiva, tienen que privar de transparencia, fidelidad y continuidad a la memoria de la nación y dificultar, a la postre, la comprensión de su origen, su razón de ser, sus objetivos, etcétera.

Se ha pretendido explicar la desorientación, o quizá la

confusión resultante de ese estado de cosas, como una suerte de manifestación de rivalidad entre el interior y Buenos Aires, o porteños *versus* provincianos. Sin embargo, la presencia y fuerte gravitación de hombres del interior en nuestra historia patria, si no desacredita esa interpretación, permite limitar sus alcances.

Buenos Aires resultó un polo de atracción, porque desde la creación del Virreinato del Río de la Plata (1776), los acontecimientos políticos tendieron a concentrarse aquí, como sucedió también respecto de la costa Este de los Estados Unidos, a extremo tal que cuatro de los cinco primeros presidentes —excepción hecha de John Adams— procedían de Virginia: Washington, Jefferson, Madison y Monroe. Esta concentración geográfica, si se me permite, no amenazó el espíritu, la identidad del pueblo, debido a la celosa custodia de los hábitos nacionales, sin negar su adecuación a las circunstancias. "Conservar reformando", según Edmund Burke, que influyó intelectualmente en muchos de los padres fundadores y sus sucesores.

Félix Luna ahora reconoce que "Rosas dio preeminencia a Buenos Aires y privilegió a la clase dirigente porteña, pero usó esta base para defender la soberanía". Éste parece ser el punto y no la explotación de ventajas económicas como *desideratum* y de los recursos aduaneros como botín. Éstos se emplearon en la financiación de guerras y en el sostén de las representaciones diplomáticas en el exterior, a cargo de Buenos Aires.

Cuando Pedro Ferré se queja porque se dispensaba el mismo tratamiento aduanero a la yerba mate paraguaya y a la correntina, no entiende que Rosas pensaba en términos nacionales y no meramente locales, según reconoce González Arzac en la obra citada. Además, el monopolio porteño de la Aduana respondió a la anarquía fiscal heredada. Los aliados del general Paz en la Liga del Interior no sólo establecieron aduanas interiores, también pretendieron instalar cancillerías propias, lo cual confirma el disparate institucional. La Liga del Norte de Marco Avellaneda no fue ajena al clima de sedición y de anarquía imperante.

La idea de una provincia cautiva de codiciosos terratenientes y saladeristas en desmedro de un enfoque capitalista industrial en línea con la modernidad que se acercaba, constituye un contrasentido con fuerte sesgo ideológico y llamativa inmadurez. Durante la primera mitad del siglo XIX casi todo el mundo, excepto el Reino Unido y algunos países europeos, desarrollaba abrumadoramente actividades primarias, incluso los Estados Unidos, que en 1861 se vieron obligados a definir mediante un desgarrador conflicto los alcances del "modelo" —como decimos en la actualidad— que consideraban ajustado a las conveniencias nacionales.

Por lo demás —como ya se dijo—, las previsiones industriales de la Ley de Aduanas, sancionada antes de que Federico List formulara el sistema nacional de economía política, desmienten la orientación latifundista del régimen económico; lo mismo puede afirmarse respecto de los bloqueos, que si no convenían a alguien era precisamente a la clase ganadera, fuertemente exportadora.

De todos modos, no debería ignorarse que el latifundio era el equivalente a la gran empresa industrial moderna, cuya ventaja se halla en la explotación de economías de escala y en el uso eficiente del recurso abundante, como aconseja la teoría. Resulta curioso que escritores de filiación liberal o socialista enjuicien al terrateniente de entonces con criterios históricos anticuados, pero no hagan lo propio contra los nuevos adquirentes extranjeros de vastas extensiones, incluso en áreas de frontera, o que olviden que el mismo general Roca era propietario de 55 mil hectáreas, sólo en La Larga.

En nuestro contexto, da la impresión de que los habitantes no se han sentido parte de algo que se perciba como propio, trascendente, traído de la historia y preservado por las afinidades generacionales con la lealtad y la solidaridad que demandan los proyectos duraderos. Es lo que nos diferencia de otras sociedades, donde la memoria colectiva y algún proyecto —explícito o no— de unidad nacional, de progreso social, de encumbramiento de la nación, constituyen los factores determinantes de la concordia política como presupuesto indeclinable para erigir una nación. Cuando falta algo de eso, la anomia o la desaprensión normativa pueden ser una respuesta.

Cuando nos rebelamos contra la adulteración del pasado, no cuestionamos ni a los personajes ni a sus ideas políticas, religiosas o filosóficas en cuanto tales. Todos los movimientos revolucionarios, sean o no fundacionales, han estado signados por confrontaciones y diversidad intelectual entre los protagonistas. Las rivalidades personales han sido una constante, sin que los partidarios de las facciones en pugna justifiquen en momento alguno las desviaciones graves como la traición o el uso y abuso de imposturas, o pretendan escribir la historia para acomodar los hechos a sus intenciones.

Es famosa la calificación de autoritarismo contra el presidente Washington; también lo son las hirientes disputas entre Jefferson y Hamilton. Sin embargo, la historiografía norteamericana registró los hechos objetivamente y sin tomar partido de la manera arbitraria como sucedió entre nosotros, según revela la historia oficial fundada por los clásicos Bartolomé Mitre y Vicente Fidel López, tempranamente desafiada por Adolfo Saldías —discípulo del primero— y Ernesto Quesada, poco tiempo después.

Las rivalidades y confrontaciones entre John Adams y Thomas Jefferson —a pesar de una antigua amistad interrumpida y reanudada recién al final de sus vidas— no se utilizaron para fundamentar mezquinos cuestionamientos partidarios. Ni siquiera prosperó algún intento de descalificación del segundo, basado en sus relaciones extramatrimoniales con la morena Sally Hemings o en la suposición maliciosa de que sus preferencias por Francia explicarían cierta hostilidad hacia los acreedores ingleses.

Por si no alcanzara con los ejemplos precedentes, recuérdese también que las famosas e irritantes *Alien and Sedition Acts*, concebidas, entre otras cosas, para deportar residentes extranjeros o sancionar a quienes —léase bien— escribieran maliciosamente contra el gobierno de los Estados Unidos, no llegaron a salpicar la reputación del presidente Adams, sucesor de Washington. No lo hicieron aun cuando la primera se intentó aplicar sin retaceos para desplazar nada menos que a Albert Gallatin (cuya estatua adorna la entrada del Tesoro Federal en la avenida Pennsylvania, en Washington D. C.), aprovechando su origen suizo, sobre todo porque lideraba la bancada republicana en el Congreso.

Durante la Guerra de Secesión, las impugnaciones contra Lincoln porque denegó veinte o treinta mil hábeas corpus debido a razones de seguridad nacional o porque sometió a civiles a cortes marciales, tampoco salpicaron la reputación de quien había contribuido decisivamente a forjar la unidad nacional, aunque fuera al precio de una desgarradora guerra que dejó cerca de un millón de muertos, heridos y desaparecidos. Costo excesivo, se dirá, pero un pleito que venía gestándose desde tiempo atrás y que amenazaba fracturar a la nación tenía que resolverse del modo que fuera, en obsequio del futuro.

Ese conflicto ha calado tan hondo en la vida de los estadounidenses que constituye todavía materia permanente de interés para la literatura política, histórica y de ficción. Es bueno recordar que nadie quedó afuera del teatro de operaciones. Walt Whitman, el famoso y admirado poeta, emprendió voluntariamente más de seiscientas misiones para asistir literariamente a los heridos y enfermos en los hospitales de campaña.

El odio como el que se han prodigado Hamilton (federalista como Washington) y Aaron Burr (una suerte de unitario anglosajón) no sirvió para desacreditar la política ni a los próceres en la arena de la actividad pública. El conflicto concluyó en 1804, cuando el antiguo pleito y las descalificaciones que intercambiaron llegaron a su fin con la muerte del primero, después de un duelo histórico. Este apasionante, visceral y poco difundido conflicto, ha sido extraordinariamente bien explicado por Joseph Ellis en *Founding Brothers*.

Ahora bien, más allá de un desliz frustrado de Aaron Burr cuando intentó cierta secesión territorial en el Sur, influenciado por cuestiones estrictamente políticas, la experiencia norteamericana no registra sistemáticos desmembramientos geográficos como los instrumentados de manera inescrupulosa por ciertos unitarios con el objeto de derrotar a Rosas, aunque fuera a expensas del patrimonio nacional. Esta diferencia marca los rumbos entre las dos naciones y los resultados que las diferencian.

HACIA UNA POLÍTICA PARA AFIRMAR LA IDENTIDAD NACIONAL

Hemos recorrido un largo camino. Éste brinda elementos para explicar la razón ontológica, quizás existencial, de nuestros desencuentros culturales, el siempre latente estado de conflicto y la incomprensión de nuestras posibilidades reales y actuales como sociedad y como nación que supo proclamar su independencia con el esfuerzo propio y el talento de los padres fundadores, con José de San Martín —incuestionablemente— en primer lugar y Juan Manuel de Rosas como custodio de la heredad geográfica que, guste o no, hoy constituye la República Argentina.

Esa apreciación no subestima al resto del patriciado. Simplemente, pone el acento en las figuras centrales de la vida de la nación. La Independencia se debe al genio y a la presión política sanmartiniana. Luego, la configuración casi definitiva de este hermoso y vasto espacio geográfico responde a la perseverancia del Gobernador de Buenos Aires y Encargado de las Relaciones Exteriores, quien, "a sangre y fuego" —como proclamó Monteagudo en el Norte y supo hacerlo Bismarck medio siglo más tarde en Alemania—, consiguió afirmar nuestros intereses territoriales frente a las agresiones de potencias imperiales y de vecinos codiciosos, frecuentemente acompañados, si no inducidos, por compatriotas desaprensivos como pocas veces ha registrado la historia comparada.

Unitarismo y federalismo representan dos culturas, dos formas de vida y, si se prefiere, dos proyectos nacionales. Para San Martín y Rosas, como para Washington y Lincoln, lo importante eran la independencia y la unidad nacional. Para todos ellos, la elección de la forma de gobierno era secundaria respecto de esos objetivos. Es la lógica de lo principal y lo accesorio, que algunos todavía se resisten a utilizar.

El desencuentro argentino aún no está resuelto, como sí lo está el norteamericano, cerrado mediante una guerra que terminó por despejar las incógnitas. Este sangriento episodio tuvo vencedores y vencidos, más allá de la excepcional generosidad del general Grant con Lee, sus oficiales y soldados cuando se suscribió, en Appomatox City Hall, el acta de rendición de las tropas confederadas.

Para el federalismo argentino —o rioplatense, si se prefiere—, la independencia y la unidad nacional constituían los temas centrales, los verdaderos ejes de la acción política. Para los unitarios, en cambio, la libertad se ubicaba en el centro, era el núcleo de sus aspiraciones, incluso en momentos críticos para la nacionalidad. Según testimonio de John Lynch (varios autores, *Historia de la Argentina*), los unitarios compartían ese temperamento, pero, como se verá, ni la conducta de sus prohombres ni sus declamaciones permiten compartir este aserto.

En esa atmósfera intelectual, Valentín Alsina le reprochaba a San Martín ser uno de los tantos que en la causa de América "no ven más que la independencia del extranjero, sin importársele nada de la libertad y de sus consecuencias", recuerda Díaz Araujo en su trabajo sobre las ideas alberdianas. Esta confrontación entre independencia y libertad, quizá filosóficamente legítima, es impensable en los auténticos constructores de Estados.

Por si quedaran dudas, es oportuno mencionar otra vez a Sarmiento. En *Argirópolis*, éste afirma textualmente: "La independencia no era un objetivo en si mismo; resultó meramente un método para lograr una mejor vida política y social" (Bunkley, ob. cit.). Las diferencias responden, ciertamente, a un problema cultural, de valores políticos —si se me permite la expresión—, pero las consecuencias siempre serán irritantemente distintas. Creo que esa afirmación, producto de la madurez intelectual del autor de *Facundo*, resultaría incompatible con el fuerte sentimiento —*common sense*— político norteamericano (Thomas Payne) que irradió la revolución en 1776.

Mi interrogante, casi de naturaleza ontológica, existencial, me empuja a indagar si las libertades concretas (en definitiva, de ellas se trata y no de la libertad genéricamente entendida, porque ésta, como universo conceptual práctico, no existe) pueden llegar a ejercerse plenamente en una sociedad que no ha ganado todavía su independencia, o cuya fuerte fragmentación la enreda en discordias disolventes. Me parece que no. Por eso discrepo con el unitarismo. Éste equivocó la jerarquía de los valores políticos. Si el grupo o sus individualidades no entendieron que la consolidación de la nación en un territorio hegemónico era el presupuesto básico, esencial, para organizarse institucionalmente y elegir el camino que conviniera al futuro, entonces le faltó madurez.

Debido a esas discrepancias fundamentales no hemos resuelto todavía las cuestiones indispensables, estructurales, que siguen pendientes a pesar de haberse derribado al dictador y demonizado arbitrariamente su gestión como —estimo— no se ha hecho con otro personaje en la historia. Si los vencedores de Caseros hubieran valorizado correctamente la experiencia de la Confederación rosista y hubieran sacado provecho de sus innegables logros, se habrían evitado desgarradoras consecuencias, pero "se quedaron cortos", no reelaboraron sobre la base de lo existente la organización nacional, ni siquiera como la entendían. Era una convocatoria y un desafío para la grandeza.

Creyeron, ideológica o utópicamente, que una simple acta constitucional que remitiera a los pactos preexistentes para afirmar una necesaria continuidad y garantizar ciertas libertades —que ya existían a fines de la década de 1840, esto es, una vez pacificado el país— era el pasaporte para un destino feliz que, sin embargo, no alcanzaban a comprender, al menos no como un sistema nacional ajustado a los requerimientos de concordia que demandaban las circunstancias. Si no fuera así, cómo se explica la irrupción de una violencia que duraría una par de conmovedoras décadas.

Los vencedores de Caseros y sus unitarios influyentes prefirieron las trampas doctrinarias ambiguas e interesadas antes que someterse al realismo subyacente. Recuerda Díaz Araujo que Bolívar, conocedor de las circunstancias de la región, había sostenido categóricamente que había que restablecer "la voz del deber" como un enfoque político adecuado para asegurar la gobernabilidad de nuestros países. Por supuesto, no fue escuchado.

Los federales eran una garantía para la tradición, una custodia del territorio, suponían fidelidad al orden constituido y abogaban por un sistema nacional y evolutivo de economía política, como lo demuestra la Ley de Aduanas, cuyos tempranos contenidos preceden al desafío de la economía clásica y cosmopolita de Adam Smith que encabezó formalmente Federico List con su Sistema Nacional de Economía Política (1840). Esta concepción no ecuménica se inspiró en la experiencia productiva del autor como ingeniero en los Estados Unidos, sumergida, por supuesto, en la especial atmósfera programática concebida por Alexander Hamilton en los comienzos de la nación.

Al igual que en los Estados Unidos, el federalismo argentino ha buscado nutrirse de sus propias realidades históricas y no de programas ideales o exóticos con escasa vinculación social. Dice Ricardo Zorraquín Becú que "la pedantería intelectual (de la otra facción) la llevó a considerar factible la soñada transformación del país mediante preceptos legislativos", lo cual ratifica la falta de realismo que la llevó a su propio derrumbe (citado por Mario G. Saraví, en *Rosas y las provincias*).

En cambio, el Pacto Federal del 4 de enero de 1831, extraído de las entrañas de la sociedad política y de su experiencia histórica, es, en definitiva, el antecedente constitucional irrevocable, como lo fueron los famosos Artículos de Confederación en el país del norte (1776), formulados una década antes de la aprobación de la Constitución por todos los Estados de la Unión.

Los frustrados intentos constitucionales de 1819 y 1826 (de indisimulado linaje unitario antes que liberal, más allá de la vinculación ideológica) terminaron desencadenando fragmentación política, colonización, anarquía, guerra civil y exterior y, finalmente, la dictadura, como remedio clásico, universal, frente al vacío. Es que no contemplar escrupulosamente la idiosincrasia de la sociedad donde ese cuerpo básico debe regir es garantía de conflicto, y así sucedió también después de Caseros.

La misma Constitución de 1853, cuya arquitectura, ciertamente, descansa en los pactos preexistentes como el Federal de 1831 —sobre todo—, no ha sido ajena, como bien destaca Félix Luna, a la influencia de *Civilización y barbarie* de Sarmiento, del *Dogma socialista* de Echeverría y del pensamiento libertario —agrego— de los proscriptos. Esta amalgama de ideas no siempre afines con la tradición del país real sirvió de inspiración para ciertas liberalizaciones como la libre navegación de los ríos y la ofrenda de espacios al capital extranjero, las cuales, por sus resultados, escandalizarían a una parte respetable de la Generación del 80.

Esta afirmación, por supuesto, no implica subestimar la influencia de las *Bases* y del texto estadounidense, pero siempre debe tenerse presente que en el Norte las licencias territoriales no existieron, menos en provecho de vecinos; tampoco las patentes de privilegio en favor de capitales de otras procedencias, como subrayó el presidente Wilson en ocasión de una reunión con políticos latinoamericanos (según recuerda Julio Irazusta, en *Balance de siglo y medio*). Si no se tiene en claro ese cuadro y lo que supone en la vida argentina, la desorientación seguirá siendo la norma y las antiguas rivalidades, otra rutina.

Los unitarios, según se anticipó, han mostrado desaprensión territorial, cultural, religiosa y escasa vocación empresaria, dada su función de auxiliares del mundo mercantil y librecambista, generalmente en provecho de intereses exógenos no siempre compatibles con los de las Provincias Unidas y sus producciones locales.

El tema no es nuevo ni responde a las "internas" fundacionales. En noviembre de 1818, William Bowles, en informe oficial al Foreign Office, afirma: "El plan de la Corte de Río en este momento parece ser el de debilitar y perturbar al gobierno de Buenos Aires en todo lo que sea posible y a ese propósito, Montevideo [a la sazón ocupada por el Imperio] ofrece asilo a toda persona proscripta o desterrada de aquí [...] El general San Martín es el único de los vinculados con el gobierno actual que se muestra enemigo de la conexión con la Corte del Brasil" (Enrique Díaz Araujo, ob. cit.).

Si los miembros del partido "de las luces" no hubieran monopolizado esas inconvenientes condiciones, resulta difícil pensar que habrían podido aprovechar el gobierno de Rivadavia para que éste, en una atmósfera adversa, suprima por decreto en 1826 los festejos celebratorios de la Independencia con el pretexto de que "irrogan perjuicios de consideración al comercio e industria". El buen juicio fue restablecido con júbilo mediante la derogación de esa norma el 11 de junio de 1835, apenas designado Rosas por segunda vez gobernador de la provincia de Buenos Aires.

La arrogancia y la suficiencia de los unitarios para con los nativos, junto con manejos bancarios de dudosa transparencia, como ocurrió frecuentemente con el Banco de Descuentos (1822), a la sazón conducido por los comerciantes ingleses asistidos por los doctores porteños, dificultaron las cosas. Luego, en el ambiente incierto y de sospecha que rodeó al famoso empréstito Baring Brothers (1824), el descrédito del emblemático grupo hizo insostenible su permanencia pacífica en el poder.

La ilustración afrancesada que solían exhibir, y los chismes que se susurraban en selectivos círculos de cuestionable superioridad, no aumentó, por supuesto, la consideración del público sobre los unitarios. Los descuidos y provocaciones contra la fe profundizaron las brechas. Don Julián Segundo de Agüero fue un exponente de ello. Cuenta el general Paz que no se lo ve tomar el breviario, pero sí chacotear, inclusive sobre sexo (*Los curas de la Revolución*, capítulo de Jorge Myers). Si se examinaran imparcialmente sus aciertos, la mayoría de ellos vería disminuida sus proporciones y sus imágenes caerían sin estruendo. De Rivadavia dijo lord John Ponsonby que no podía "decir nada bueno como estadista ni como titular del gobierno..." (Lynch).

Sin ánimo de incurrir en falsas caracterizaciones, es oportuno tener presente que el golpismo tan dañino a nuestra experiencia histórica, tiene firmes antecedentes unitarios. Recordemos cronológicamente los sucesos más trascendentales: Lavalle contra Dorrego (1828), Paz contra Bustos (1829), Urquiza contra Rosas (1852), a pesar del origen federal del entrerriano. Rosas, contrariamente a los términos de la leyenda que lo muestra como personaje de ambiciones desproporcionadas, sin embargo, en 1826 se negó a derrocar a Rivadavia, aunque éste cayó junto con Mariano Pelliza por las razones que ilustra la historia nacional (*La dictadura de Rosas*).

Aunque pueda parecer fuera de lugar, es ilustrativo saber quiénes fueron unitarios y quiénes fueron federales, sobre todo en los tiempos fundacionales de la nación. Me permito destacar que los segundos guardan singular parecido con los fundadores de la nación estadounidense, no sólo en lo concerniente a la interpretación de la política como cuestión eminentemente práctica, sino también desde el punto de vista de sus intereses personales, extremo que no es tan bien conocido, a pesar de que no constituye un dato menor cuando se buscan certezas sobre el pasado.

En esa inteligencia, debe subrayarse que en el grupo federal encabezado inicialmente por Saavedra y Artigas, figuraron caudillos de relevancia como Rosas, quien además de gran organizador, como empresario llegó a tener sesenta arados operando al mismo tiempo. Según Beatriz Bosch, historiando a don Justo José, Quiroga, Ramírez, López, Urquiza y otros, han sabido sobresalir, además, como en el caso del entrerriano, como verdaderos e innovadores hombres de negocios. Así sucedió también en el norte con Washington, Adams, Jefferson y Madison, por no citar sino a los precursores, todos *farmers*, o mejor *landlords*, considerando la extensión y diversificación de sus propiedades y producciones.

Aquellos federales, al mismo tiempo, estuvieron acompañados por héroes militares, como Guido, Pacheco, Lucio Mansilla, Guillermo Brown, Álvaro de Alzogaray, Pinedo, Thorne, junto con calificados profesionales, como fueron Manuel Moreno, Vicente López y Planes, Dalmacio Vélez Sarsfield, Felipe Arana, Pedro De Angelis, Baldomero García, el joven Bernardo de Irigoyen y tantos otros que se destacaron en sus propios ámbitos de actuación.

Es interesante y oportuno agregar aquí que, para los federales, la tradición de autoridades o jefes pobres o desinteresados de la fortuna personal, al igual que en los Estados Unidos, no suponía una virtud especial, consagratoria *per se*, como alguna doctrina argentina ha exaltado para iluminar con más brillo, entre otros, a Sarmiento y a Alberdi. Éste, al parecer, no falleció "en la pobreza" como sostiene Etchepareborda (*Estudios sobre Alberdi*), a estar de la exhaustiva investigación de Oliver (*El verdadero Alberdi*). Por su parte, don Domingo fue austero pero no renegó de acercarse a la fortuna; recuérdese que en 1885 peticionó por unas 16 mil hectáreas de tierras ganadas a los indios, aunque desafortunadamente tropezó con la negativa imperturbable y fundada del general Roca ("Sic transit gloria mundi").

Bien, el unitarismo, por su parte, estuvo generalmente integrado por gente más afín a los servicios profesionales que a la producción, como Mariano Moreno, aunque su prematura muerte impide saber si se hubiera enrolado en esa facción, como no lo hizo Manuel Belgrano cuando optó por tomar la espada para consolidar la independencia. Los acompañó en el grupo Juan Bautista Alberdi, prominente jurista, y toda una constelación de auxiliares mercantiles y de consejeros financieros, como Félix Castro y Manuel José García; éste de ingrata memoria por la forma como arregló la paz con Brasil (1827) en carácter de delegado de Rivadavia y, según él, siguiendo instrucciones que siempre fueron desmentidas.

La verdad es que los negocios, al menos los productivos, no llegaron a cautivar a los unitarios. En esto los federales se aproximaban más a los padres fundadores del norte. No es un dato menor para entender a la Argentina moderna y pretérita. Es conocida la laboriosidad y la fortuna personal de Rosas y de algunos caudillos. Urquiza ha sido un exponente relativamente desconocido de la acumulación. Dice Juan Carlos Neyra ("Cuatro preguntas sobre Juan Manuel"), que el héroe de Caseros administraba 18 estancias de su propiedad en Entre Ríos, 6 en Santa Fe, una en Corrientes con un total de 923.125 hectáreas; un negocio mercantil en Santa Fe de 96.384 pesos fuertes; el ingenio azucarero de Tucumán, cuyo capital era de 90.000 patacones. Poseía saladeros en Posadas, Santa Cándida, Rosario y Gualeguaychú. Era, según Vicente Sierra, el hombre más rico de esta parte de América.

Alexander Hamilton pertenecía a esta estirpe de abogados, financieros y empresarios ambiciosos cuya presencia no siempre ha sido grata a los ojos del público, aunque fue nada menos que segundo de Washington durante la guerra de la independencia, además de autor principal de *El Federalista*, escrito junto con Madison y Jay, cuya publicación en forma de libro apareció en 1778, dos años después de la declaración de la independencia. Escribió 50 de los 85 artículos que ilustran el proceso constitucional moderno y ha sido el inspirador de un sistema nacional de economía política cuya reputación todavía no se discute.

El grupo unitario, que desde el comienzo tuvo en Rivadavia a su gran animador, en principio, constituyó un conglomerado fuertemente ideológico y poblado de gente intelectualmente cultivada, pero en general despegada de las duras realidades que les tocó vivir, según expresé. Sarmiento compartió esta idea cuando opinó sobre Bernardino Rivadavia en su bosquejo de la biografía de Dalmacio Vélez Sarsfield, pero debo recordar que no estaba solo, pues Mariano Moreno, por su parte y mucho antes, había descalificado sus actitudes a partir de 1810, lo mismo que el profesor Shumway, de la Universidad de Texas, en su destacada obra *The Invention of Argentina*, publicada casi a fines del siglo XX. Para evitar suspicacias me apuro a destacar que él mismo no se muestra para nada simpático con Rosas.

La literatura con Alberdi, los Varela, Echeverría, Mármol; el Sarmiento, sobre todo de *Facundo*, y tantos otros de menor popularidad, como Félix Frías, pero no por ello menos destacados, constituyó el incuestionable pasaporte para sus posteridades, no así los méritos patrióticos como los de aquellos cuyas vidas están asociadas indisolublemente a la fundación o consolidación de la nacionalidad. Este distingo sin menoscabos es importante, porque una cosa es el encumbramiento que responde a las actividades estéticas y otra muy diferente el reconocimiento a quienes fundaron o salvaron Estados.

En tal sentido deben recordarse los casos del conde de Cavour y de Otto von Bismarck como artífices indiscutidos de las unidades de Italia (1861) y de Alemania (1871), respectivamente, que hasta entonces constituían sociedades políticas altamente fragmentadas, aunque plenas de los valores artísticos que han enriquecido a la posteridad. Carlos V de Alemania y I de España, en cuya jurisdicción no se ponía el sol, edificó una construcción política de cuya envergadura da cuenta la extensión del imperio que supo regir entre 1519 y 1556.

A efectos de poner las cosas en su lugar y ajustarlas a las justas proporciones, es oportuno seguir con esta breve digresión, precisamente en obsequio de los criterios que informan los encumbramientos históricos más relevantes. En esa inteligencia permítaseme subrayar las gestiones de Oliver Cromwell en Inglaterra y del cardenal Richelieu en Francia, cuyas omnipotencias y procedimientos al servicio de sus patrias constituyen todavía activos políticos de incuestionable valor, al igual que Pedro y Catalina, ambos denominados grandes en Rusia, cuyas hazañas políticas han sido destacadas recientemente por Eduardo Zalduendo en su obra póstuma titulada *Las seis Rusias*.

El Cardenal fue designado premier en 1628 y, dureza interna mediante, logró debilitar el poder español en momentos de auge y poderío en beneficio de Francia. Cromwell, protector de Inglaterra, Escocia e Irlanda entre 1653 y 1658, consiguió disolver el parlamento a la sazón severamente cuestionado, y como Lord Protector logró la paz con Holanda e introducir importantes iniciativas económicas.

Todos fueron verdaderos ejemplares de referencia para

ilustrar contenidos y alcances de empresas políticas de envergadura, como que todavía suscitan interés y admiración, aunque a veces irrumpan cuestionamientos que, sin embargo, no descienden a la negación ni al olvido. Washington en el norte, San Martín y Bolívar en la región, bien podrían ser merecidamente inscriptos en la misma galería. Para una fuerte corriente historiográfica argentina, don Juan Manuel, sólo por su celosa defensa de la integridad territorial.

Volviendo a lo nuestro, Valentín Gómez, Julián Segundo de Agüero, Valentín Alsina, Florencio Varela, Salvador María del Carril y tantos otros hicieron desde el periodismo y la intriga filosas campañas contra las autoridades locales, en ocasiones desde exilios voluntarios que muchas veces buscaron, en algunos casos por disidencias con los federales en el gobierno y en otros porque decididamente se aliaron con el extranjero con fines subversivos, como sucedió con Lavalle en la época de Dorrego, y con el grupo unitario, como férrea y estratégica unidad durante todo el desarrollo de la Confederación Argentina (1835-1852).

Es necesario destacar, porque el personaje ha sido frecuentemente cuestionado y no sin razón, que el general Alvear, miembro conspicuo de esa agrupación, seguramente advirtió las diferencias en las conductas y la falta de escrúpulos de alguno de sus correligionarios, cuando decidió ponerse al servicio de Rosas en carácter de diplomático ante el gobierno norteamericano. Sarratea, también es bueno saberlo, emprendió caminos parecidos en destinos diplomáticos al servicio del país federal de entonces, dejando atrás antiguas solidaridades que deben ceder frente a los intereses superiores del país en conflicto.

Bien, el festival de mentiras y de agresiones, sirviéndose como siempre de aliados externos, termina con Caseros, una extraña alianza entre unitarios, brasileños, uruguayos, mercenarios y nativos desprejuiciados. Muchos de ellos generosamente retribuidos ni bien cesaron las operaciones, según demostró el académico Pedro Santos Martínez, y cuya nómina me da escalofríos mencionar (*Caseros. Las tropas extranjeras y la política internacional rioplatense*). El ingrato panorama resultó enriquecido por el concurso de muchos traidores, según calificación que parece desprenderse del testimonio de Robert Gore, el diplomático británico a la sazón en funciones.

Martiniano Chilavert, otro de los tantos exiliados, abiertamente disgustado y avergonzado con la escandalosa y corrupta conspiración que vio montar contra su país por lo más conspicuo del unitarismo, ofreció su espada y se puso al servicio de la Confederación, aunque no le gustara quien la encarnara en ese trágico momento. Por ello, los cultos, los de casaca negra, los que reivindicaban la mentira como expediente político y los que practicaban lo que desde el periodismo decían repudiar, lo fusilaron sin misericordia ni piedad, tal cual lo relata Vicente Massot en *Matar y morir*, de reciente aparición.

Ahora bien, lo lamentable en última instancia no es la caída de Rosas, sino que esto sucedió cuando la Confederación se recuperaba con éxito de los conflictos, sobre todo, con Inglaterra (1849) y con Francia (1850), nada menos que cuando se restablecían espontáneas corrientes inmigratorias y regresaban voluntariamente muchos emigrados. Todo ello se daba, de acuerdo con el testimonio de Martin de Moussy, en el momento preciso en que ya se podía contemplar talleres industriales en pleno funcionamiento, como expresión efectiva, real de la vitalidad del sistema económico.

Es que la paz y la tranquilidad después de los arreglos alcanzados con las dos grandes potencias poco tiempo antes del pronunciamiento de Urquiza, trajeron buenos resultados. Industrias, inmigración, repatriaciones de emigrados, pacificación, un servicio de lanchas de vapor en el estuario para transportar "pasajeros, correspondencia y encomiendas" (Barsky, ob. cit.). La prosperidad fue expresamente reconocida por el contradictorio Alberdi en 1847, en su memorable trabajo denominado *La República Argentina treinta y siete años después de la Revolución de Mayo*, editado en Valparaíso, Chile.

Es importante subrayar que el cambio, una suerte de industria infantil o precoz, no debería subestimarse, sobre todo si se recuerda que el desarrollo industrial en los Estados Unidos es casi contemporáneo, como que se consolida y dispara durante la segunda mitad del siglo XIX y no antes, como gustan puntualizar quienes acomodan los hechos para ajustarlos a conveniencias que poco tienen que ver con enfoques científicos.

La continuación de Mariano Fragueiro como ministro de Hacienda de Urquiza probablemente hubiera mantenido la tendencia. Desafortunadamente, la adopción del modelo alberdiano asestó un golpe mortal al novedoso enfoque de aquél, singularizado en su *La organización del crédito*, por un capitalismo nacional sostenido sobre la base del crédito y el privilegio a la producción antes que al cálculo financiero. Adolfo Dorfman parece confirmarlo en su clásica *Historia de la Industria Argentina*, cuando dice que "Con la derrota de la dictadura de Rosas no desaparece enseguida la situación de indigencia industrial...". El debate industrial aparecería veinticinco años después.

Esa consecuencia era lógica. La alternativa triunfante

proponía una definición económica donde serían la inversión extranjera y la deuda externa las variables que de consuno resolverían la ecuación capitalista liberal que se desprende de *Las Bases*. Lo cierto es que, a fin de cuentas, prevaleció una atmósfera de especulación bancaria y bursátil que periódicamente arrastró al país a experimentar crisis monetarias y cambiarias, al margen de los desórdenes presupuestarios federales recién inaugurados en 1864.

Es dable destacar, además, que semejante conjura, como fue la de Caseros, no se registró en la experiencia estadounidense, ni siquiera con el pretexto del autoritarismo imperial de Washington, los excesos y extravíos no menores del general Andrew Jackson (1829-1837) —contemporáneo del general Rosas—, ni por las denuncias de "abusos" de autoridad contra Lincoln durante la prolongada guerra civil que cambió el destino de esa nación.

Resulta desgarrador que en esa facción estuvieran enrolados guerreros como los generales Paz e Iriarte, quienes además de descollantes militares, supieron legarnos iluminadoras memorias sobre nuestro acontecer patrio. El primero no ocultó su disgusto cuando entendió finalmente que las alianzas que andaban dando vueltas contra Rosas comprometían la unidad nacional, la continuidad confederada de dos provincias: Corrientes y Entre Ríos.

Iriarte siempre se proclamó enemigo de Rosas. Sin embargo, Carlos Marco recuerda, reproduciendo sus palabras, "que su ánimo ha sido tan sólo dar una idea de la época; y aún cuando nos hayamos equivocado en nuestro juicio, porque nuestra opinión, después de todo, es controvertible, habremos no obstante, ofrecido un gran campo para que otros espíritus más trascendentes abran camino a una investigación más seria" (*Rosas*, tomo I). Mala suerte diría Maquiavelo, y me permitiría compartir el juicio del inigualable florentino.

No parece razonable culminar el examen de la experiencia de la Confederación y de su titular sin desestimar categóricamente la afirmación de Antonio Dellepiane, recordada por Jorge Lanata (*Argentinos*): "Que Rosas no estuvo a la altura de su situación, después de su caída...". Al parecer, veinte o treinta años de servicios públicos distinguidos e intachables, con resultados tan excepcionales como la conservación de un territorio históricamente expuesto a la fragmentación, es poca tarea, insuficiente. Había que rematar la hazaña entregándose y arrepintiéndose para confiar en la imparcialidad de los vencedores, en cuyos magistrados ni siquiera los triunfadores creyeron.

El botín, los bienes del depuesto, latía en el frente político y judicial. De ahí las calificaciones de los delitos y condenas como "reo de lesa patria", una de cuyas consecuencias era la de sustraer activos del acervo expuesto a demandas de los derechohabientes que podían reclamar indemnizaciones inconvenientes. Valentín Alsina es el inspirador del decreto que declara propiedad pública los bienes de Rosas, cuenta Cresto en *Antecedentes del Pacto de San José de Flores*, iniciando —a mi juicio— una práctica que será extremadamente perversa en la experiencia futura, por cierto, siempre en nombre de la libertad y de la justicia.

En semejante atmósfera de inseguridad jurídica, constituye un despropósito otra conducta que la adoptada por un hombre que, como lo sugirió Robert Gore y lo comprobó Pedro Santos Martínez, había sido alevosamente traicionado por sus amigos y estado mayor. (Sobre el tema: "Rosas y el Terror" por Néstor Montezani, *Revista del Instituto J. M. de Rosas* N° 43, 1996.) Gore, en informe a su gobierno, después de relatar comportamientos de colaboradores se atrevió a afirmar: "Nunca existió traición más completa".

Volviendo al tema que nos ocupa, y al margen de la digresión, que estimo fue oportuna, me parece importante subrayar que la corrupción de la cultura y el deterioro de la identidad nacional deberían constituir de aquí en más un capítulo liminar en la agenda de cuestiones argentinas a resolver con alguna prontitud. No se trata de un tema ideológico, sino eminentemente práctico, porque nuestra debilidad espiritual supone una permanente amenaza a nuestra integridad como unidad política y social, además de perturbar y dificultar nuestra conveniente ubicación en el mundo.

La primera supone una verdadera epopeya intelectual que debería estar exenta de excesos y cargada de transparencia, de manera de evitar incurrir en las desviaciones que nos han llevado a ignorar acontecimientos que jalonan la vida nacional simplemente por razones de partido, de preferencias ideológicas y de conveniencias personales o familiares. No hay nada más enriquecedor que la preservación de la memoria histórica para entender el presente y vislumbrar el futuro.

La identidad, la mismidad, o sea ese plexo de datos que nos permite encontrarnos, reconocernos y programar nuestras vidas sin las violencias de la incomprensión, encuentra, precisamente, su razón de ser en una comunidad transparente de origen, de certezas compartidas y de hábitos inconfundibles, espontáneamente adoptados, y que se enriquecen cotidianamente en los plebiscitos que demanda la convivencia en un recinto cívico, como es una nación.

Finalmente, debemos resistir y reaccionar contra las trampas y las desfiguraciones históricas tendidas, en nuestro caso, a través de los silencios y manipulaciones que denuncia Orwell como método y sistema para esconder la verdad (*Rebelión en la granja*), y que en la actualidad, parafraseando a Chomsky, se traducirían en poderosos mecanismos útiles "para distraer y dispersar al público". Se trataría de evitar que éste "no plantee problemas" que, para el célebre profesor del MIT, eventualmente podrían perjudicar los intereses del "gobierno mundial de facto", que identifica con grandes organizaciones supranacionales públicas y privadas, cuya hegemonía y radio de acción superan las de los gobiernos (*Política y cultura a fines del siglo XX*).

Ésa es la gran tarea de la inteligencia. El desafío no puede ni debe postergarse ni estar ausente. Ha llegado la hora de apuntar con precisión al objetivo irrenunciable de reconstruir la república con respetuosa fidelidad a sus valores históricos. Debe deponerse el arraigado y destructor espíritu de partido que afligía a los libertadores y, si se pudiera, encontrar límites razonables a la testarudez ideológica, para lo cual, volver al orden natural aristotélico que informa nuestra cultura, parece ser el único remedio.

EPÍLOGO

Esta breve recapitulación y síntesis es necesaria no sólo para evitar equívocos, sino también para identificar el verdadero propósito de este trabajo: buscar la recta interpretación de los acontecimientos que jalonan la historia argentina para sacar provecho intelectual presente y mejorar nuestras definiciones para el porvenir.

Siguiendo a Croce, es el interés por el presente el que nos ha llevado a hurgar el pasado con la finalidad explícita de salir del marasmo secular en que nos desenvolvemos para llegar a ser capaces de doblegar las encrucijadas cotidianas. Su acertada resolución no parece constituir un precepto orientador en nuestra tradicional experiencia política, de ahí nuestro empeño.

Podemos discrepar de aspectos destacados, referenciales, respecto de los momentos cumbre e iniciales de la decadencia argentina, pero ningún país pierde casi todo un siglo XX si no existen recónditas razones que expliquen el fenómeno, cuyo núcleo excede, seguramente, la influencia de cuestiones circunstanciales, para responder a una causalidad cultural que llega a todos los rincones de nuestra experiencia vital.

Los cuestionamientos que aquí se formulan contra la

terca perpetuación de tergiversaciones históricas y contra el ocultamiento y subestimación de sucesos significativos, no responden a fines reivindicatorios, como, por ejemplo, lo han hecho encumbradas figuras de la historiografía nacional. Tienen el objetivo de entender primero, para corregir después, un rumbo en los asuntos nacionales que aparece ostensiblemente marcado por la desorientación que producen lagunas y descalificaciones, cuyo común denominador tiene mucho que ver con la adulteración ideológica o interesada del pasado y con el debilitamiento de la conciencia nacional.

Unitarismo y federalismo no son categorías retóricas anticuadas. Constituyen estilos rivales de política y de vida que consciente o inconscientemente conviven en nuestra experiencia secular y pueden llegar a explicar razonablemente bien los contratiempos del presente. El federalismo sirve como pantalla y da forma a la arquitectura institucional; empero, es el unitarismo y sus diferentes expresiones y vertientes el que todavía inspira el inseguro y contradictorio rumbo de la nación. Parece una suerte de experiencia precursora a la Gramsci, donde la hegemonía se manifiesta en el manejo de las instituciones y no en éstas formalmente consideradas.

Una y otra expresión de la vida política argentina parecen categorías irreconciliables. Para el federalismo tradicional, encabezado por Rosas y los caudillos del interior, son la *independencia y la unidad nacional* las condiciones primordiales e inclaudicables de la política. A estos valores responden los objetivos y la acción de gobierno. Después de afirmadas estas categorías, vendría recién la discusión sobre la mejor forma de ajustar las instituciones. El unitarismo, en cambio, ha privilegiado *la libertad* como paradigma irreducible y por encima de todo otro valor político, profundizando inevitablemente las brechas que separan a ambos enfoques hasta límites insalvables.

La consolidación de la independencia y la conquista de la unidad nacional que animaron a todos los fundadores de Estados que mencionamos en la obra, y particularmente a los federales rioplatenses entre nosotros, parecen proposiciones más realistas y razonables, menos ideológicas e ingenuas, que la búsqueda y la afirmación de una libertad que resulta quimérica sin el concurso y reconocimiento de la soberanía como presupuesto inescindible de la noción de independencia, tal cual lo puntualizaron tempranamente y sin discordia los padres fundadores norteamericanos desde la segunda mitad del siglo XVIII.

Si no se repara en esa diferencia fundamental, es difícil comprender los duros tiempos que signaron nuestros orígenes y, sobre todo, los acontecimientos registrados en las dos resonantes décadas que transcurren entre 1830 y 1850. No se cuestiona en los unitarios y en sus herederos intelectuales sus preferencias doctrinarias, ni, en última instancia, la ruptura sistemática de muchos códigos y lealtades ruidosamente impugnados por la historia y la moral política generalmente aceptadas.

Sí se subraya en esta obra la ingrata predisposición del partido de las luces y de sus más destacados miembros, por su obstinada y desaprensiva inclinación por hacer uso de la impostura como herramienta de acción política, la subestimación del nativo y de sus instituciones y creencias, lenta y espontáneamente maduradas, lo mismo que la vocación por tejer inconvenientes alianzas con forasteros sin réditos para la República, como lo revelan, entre otras cosas, las ingentes pérdidas territoriales que ilustran nuestra historia y llevan su irrefutable impronta. Los acuerdos que siguieron a la batalla de Caseros son coronación y testimonio inocultable de una desaprensión territorial que encuentra tempranos antecedentes con los directoriales rivadavianos.

La diferenciación de estilos y de universos conceptuales tiene una significativa validez analítica, porque el método y la tradición de estirpe unitaria están indisolublemente unidos, incorporados y presentes, aunque sea en forma imperceptible, a la vida, a las prácticas políticas tradicionales; en una palabra, a la cultura en la más amplia acepción del término, con prescindencia de inclinaciones partidarias y de interpretaciones históricas divergentes, por supuesto salvo excepciones que no modifican en definitiva el escenario. Es el unitarismo el que, temprana, voluntaria e ideológicamente, se enreda en estatutos coloniales: minas de la Rioja, Banco de Descuentos, empréstitos onerosos y de dudosa utilidad (Baring), etcétera.

Las inclinaciones económicas inspiradas por Rivadavia y su entorno, actualizadas, enriquecidas y codificadas en *Las Bases*, lo mismo que la tradicional indiferencia territorial argentina, la precariedad y volatilidad de los enfoques diplomáticos, el sistemático y ruinoso endeudamiento externo, la inorgánica política inmigratoria —si así se la puede denominar—, la voluntaria y recurrente dependencia del capitalismo internacional, muestran todo lo que no debe hacerse, al menos con fidelidad a un patrón de comportamiento ambicioso, propicio y duradero para el país. Lo grave es que la matriz rige *mutatis mutandi* con independencia de los gobiernos y de la legitimidad de sus orígenes. Aquí también los federales de Rosas, al igual que los norteamericanos, demostraron que las alternativas existen y que el discurso único siempre es falaz.

Modificar el statu quo constituye un espinoso dilema, porque quien pretenda hacerlo debería revalorizar el modelo alternativo encarnado en el federalismo de Rosas y de los caudillos, fundado en un desempeño económico-financiero fuertemente emparentado con la consagratoria e ininterrumpida experiencia norteamericana. Administrado con equilibrio y prudencia, aun así, un nuevo proyecto encontraría fuerte resistencia por parte de los intereses creados que han cristalizado la historia y han terminado obnubilando la comprensión de la realidad. Parece un círculo inextricable. Sin embargo, no lo es. El fracaso de la concepción unitaria, encarnada sistemáticamente a través de gobiernos legítimos o ilegítimos, es la mejor prueba de su inoperancia política y de su inutilidad estratégica.

No resulta fácil aceptar esa premisa. Pero no se llega a crisis sistémicas recurrentes en una nación geográfica, humana y económicamente bien dotada, si no coexisten en su desempeño organizacional fuertes vulnerabilidades culturales, arraigadas, enquistadas, difíciles de remover sin una amplia y sincera regeneración de hábitos. El eventual despegue demandaría considerables esfuerzos intelectuales, sobre todo en un contexto donde la esquizofrenia de los ganadores de Caseros y la difamación, en lugar de la sana crítica, han ejercido una influencia arbitraria en la formación cultural de la sociedad, cuyas consecuencias han dificultado que brote espontáneamente una identidad nacional libre de lagunas históricas y de tergiversaciones que la desnaturalicen. En semejante atmósfera, los cantos jubilares que reclamó Mallea no encuentran fácil inspiración.

Sarmiento y Echeverría, a veces con expresiones estremecedoras, han reconocido sus imposturas contra Rosas. Alberdi, Ingenieros, Magariños Cervantes y otros enemigos del dictador reconocieron su obra y la dignidad y el coraje con que se enfrentaron exitosamente agresiones contra la soberanía nacional. Ni hablar del general San Martín y de muchos arrepentidos, cuyo testimonio se mantuvo bajo llave demasiado tiempo para justificar el azote desestabilizador encabezado por el gobernador de Entre Ríos.

Desafortunadamente, los juicios rectificatorios fueron ignorados y por ello han estado ausentes de la conciencia ciudadana. No se trata ahora de rescatarlos para provecho del Gobernador de Buenos Aires, sino porque son necesarios para esclarecer la memoria colectiva y para ofrecer elementos valorativos que identifiquen experiencias que nos permitan conocernos para reconocernos, y abortar definitivamente incomprensiones y desinteligencias depredadoras. Es que la discordia impide articular un ambicioso proyecto nacional, cuyo contenido y viabilidad son inseparables de una fuerte conciencia histórica, que es la que enriquece y perfila la propia identidad.

Ahora bien, los silencios históricos que han ofuscado nuestra conciencia y debilitado nuestra identidad, no responden sólo a litigios políticos, conflictos personales o confrontaciones ideológicas entre dirigencias. Después de 1852 era indispensable armar un escenario justificador, porque el pronunciamiento de Urquiza y lo que sobrevino como consecuencia tenía la misma inspiración, arquitectura y propósitos que el golpismo inaugurado en 1828 contra el gobernador Dorrego. Si no se desfiguraba el clima que se desprende de la leyenda negra, ¿para qué terminar con Rosas, cuya fatiga y eventual retiro eran una posibilidad concreta?

La clave de la rápida derrota de 1852 está fuertemente influida por la diplomacia y la sagacidad brasileñas, junto con las debilidades del general Urquiza, quien cedió a su-

surros y otras tentaciones para terminar sirviendo al Imperio, aunque luego sinceramente se arrepintiera. Bajo pretexto de recuperar ideales libertarios desmentidos por su comportamiento, los unitarios se unían con cualquiera con tal de desalojar al Gobernador, sin reparar en las consecuencias, en los costos históricos y en la injusticia irreparable que la aventura conllevaba, al despejar el camino en favor de la expansión territorial del rival histórico.

El régimen que surge de Caseros tiene una ilegitimidad de origen que ni siquiera la Constitución de 1853 puede purgar, al menos moralmente. Sus debilidades intrínsecas lo han llevado, entonces, a elaborar una Argentina que se acomodara, no a la tradición, sino a los propósitos de los vencedores y a una concepción vocacionalmente unitaria de la política, en cuyo núcleo yacía la intención de empezar virtualmente desde cero, para no ventilar los éxitos del gobierno depuesto en el terreno de las armas contra las grandes potencias de entonces y en el de una diplomacia oficial que nunca recuperaría el espacio perdido después de los extravíos que preludian y siguen a Caseros. Adulterar el escenario era inevitable para modificar los roles y justificar el golpe.

La deposición de Rosas y las desviaciones históricas divulgadas sin responsabilidad constituyen una parte de la fragmentación cultural que le resta la necesaria homogeneidad a la conciencia nacional, pero, no obstante ello, otros descuidos han profundizado la crisis de nuestra identidad. El manejo de la inmigración, ampliamente tratado en el texto, permite agregar argumentos esclarecedores. En ese sentido, las experiencias de otros países han sido aleccionadoras y pueden desmentir cualquier sospecha sobre propósitos excluyentes del autor.

Había, al menos, dos alternativas políticas para aceptar inmigrantes correctamente. Recibirlos y que se las arreglaran, u ofrecerles oportunidades y asimilarlos al solar de adopción sin que renegasen de sus tradiciones. La Argentina optó por el primer enfoque. Es cierto que una recepción abrumadora e inmanejable dificultaba el manejo racional del tema. Entonces, la clave estaba en administrar la estrategia como hicieron Brasil, Australia y los Estados Unidos, precisamente para evitar desinteligencias culturales, no fragmentar imprudentemente la conciencia social y no confundir la identidad, que es la que une aunque se trate de contextos de diversidad.

La experiencia norteamericana era aleccionadora. Recuerdo que para mantener la cohesión, afianzar la comprensión entre los miembros de la sociedad y preservar una identidad expuesta a las amenazas que suponía la invasión de diversas idiosincrasias, en los colegios todo el mundo, sin violencias y sin torcer hábitos propios de las nuevas corrientes humanas, debía aprender y recordar el programa washingtoniano. Éste marcaba los derroteros de la nación, destacaba las prioridades y cuáles eran los caminos morales y religiosos indiscutibles para afianzar la unidad nacional. Hasta hoy, el respeto a la bandera, la entonación del himno y la invocación a Dios no son datos menores en la configuración de la conciencia pública.

Las comparaciones suelen ser odiosas, pero la Argentina equivocó el camino desde el punto de vista que nos interesa. La indiferencia frente al inmigrante y su adecuada inserción en la sociedad de adopción, más la adulteración de una historia sin otro propósito que proteger excesos, así como serias tergiversaciones, no han favorecido, precisamente, la formación de una conciencia y de una identidad nacional susceptibles de iluminar nuestro desempeño sobre la base de una tradición que fielmente se nutra de la verdad.

Llama poderosamente la atención que este singular fenómeno, en un contexto de frustrantes desencuentros, no despierte más interés para explicar una contradicción cautivante: ¿por qué un país, en muchos aspectos envidiablemente dotado, no puede superar digna y pacíficamente sus intestinos y recurrentes conflictos y fracasos como sociedad? Parece que, entonces, no es la falta de recursos lo que explica nuestro problemático acontecer.

Cuando una sociedad no se entiende a sí misma, cuando la fragmentación se profundiza y no es capaz de superar sus contradicciones y contratiempos, parece que un análisis desde el punto de vista estrictamente cultural podría enriquecerlo, sin abdicar en la empresa de la pluralidad que hace a su tradición. Apuntalar la identidad esquiva o demorada no es un tema menor; es necesario encararlo rápido y responsablemente. A ello pretende contribuir este ensayo.

EPÍLOGO A LA SEGUNDA EDICIÓN

Es casi superfluo sostener que la historia debe revisarse responsablemente, siempre que lo justifiquen nuevos elementos de juicio, susceptibles de permitir entender rectamente el pasado para esclarecer incógnitas de interés presente. Para ello es necesario independizarse "de la manía de enjuiciar" según la provocativa expresión de Marc Bloch en su breve pero enjundiosa obra *Introducción a la Historia*. Es que la tentación por enjuiciar sin crítica, esto es, sin análisis, puede generar inconvenientes arbitrariedades metodológicas capaces de influir agudizando confusiones.

Pero ello no basta. En el caso de Rosas y su época, precisamente para sostener juicios preconcebidos, se fragmentó arbitrariamente el enfoque general del período, con el objetivo de ratificar condenas preconcebidas, que no sólo tergiversaron acontecimientos sobre el pasado, sino que ocultan u oscurecen episodios susceptibles de dar vuelta conclusiones enriquecedoras para la vida y la identidad cultural de una nación, que no es ajena a la fidelidad con que se muestra su pasado. Parece que la tentación no es nueva. Napoleón, en su cautiverio en Santa Elena, a fines de 1815, previó luminosamente esa posibilidad, mucho antes de que Rosas la experimentara con inaceptable rigor.

Afirmó el Gran Corso, según su biógrafo André Castelot: "Podrán sustraer, suprimir y mutilar la historia, pero no podrán hacerme desaparecer por completo. El historiador se verá obligado a tratar el período del Imperio, y si tiene corazón, algo habrá de restituirme: tendrá que darme el lugar que me corresponde y su tarea será fácil, porque los hechos hablan por sí solos y brillan como el sol... Cerré la brecha de la anarquía y puse orden en el caos... Alenté todas las emulaciones, recompensé todos los méritos y expandí los límites de la gloria... ¿Con qué podrían atacarme que un historiador no pudiera defenderme?... ¿Mi despotismo? Pero éste demostrará que la dictadura era necesaria... ¿Me acusarán de haber amado la guerra demasiado? Mostrará que yo fui atacado..." (*Napoleón Bonaparte, el ciudadano, el emperador*, El Ateneo, 2004).

Aquella actitud subversiva que cobra singular relevancia para explicar la campaña difamatoria y la ofensiva emprendida por el general Urquiza y sus aliados nativos y extranjeros contra Rosas, se ajusta a ese método, cuya principal característica pasa por edificar pronunciamientos condenatorios sobre bases endebles y parciales, sin consultar la totalidad del contexto y las circunstancias de tiempo y lugar que son decisivas para un juicio imparcial. Por ello es que no puede sino reiterarse aquí el juicio del célebre Karl Jaspers cuando apela a enfocar la totalidad de la historia, inclusive para entender el sentido del acontecer actual. Esto es, que la fragmentación a conciencia, además de un verdadero fraude, puede significar agudizar las confusiones y la desorientación, tan comunes en nuestra experiencia cultural.

Eso es lo importante. Las dificultades de la Argentina presente y la incomprensión de algunos acontecimientos contemporáneos tienen mucho que ver con las tergiversaciones u ocultamientos sobre un pasado, cuyo valor esclarecedor resulta, al igual que en la experiencia personal, altamente provechoso. Por ejemplo, la versión oficial de Caseros sostiene que la alianza que inspiró y acompañó el famoso "Pronunciamiento" del general Urquiza significó, poco antes de la batalla, un desafío contra la dictadura, emprendido por una alianza decidida a restablecer libertades conculcadas y devolverlas al pueblo de la Confederación junto con una constitución que ordenara definitivamente el país. La verdad es que esto último no se entiende, habida cuenta de que en condiciones desordenadas, sin consensos mínimos, difícilmente la Confederación hubiera salido airosa de la anarquía heredada y de las guerras civiles, lo mismo que de guerras internacionales y de conflictos diplomáticos de envergadura con las grandes potencias de entonces.

Veamos. Las alianzas no fueron gratuitas y menos libertadoras, según se afirmó en varios capítulos; segundo, el alzamiento proclamado el 1º de mayo de 1851 fue el resultado de la obra trabajosa y maestra de la diplomacia brasileña, quien veía en Rosas un fuerte obstáculo para su expansión histórica, que se remonta al siglo XVI. Debe recordarse que durante casi una década ininterrumpida, los diplomáticos de la corte de Pedro II susurraron los oídos de unitarios refugiados en Montevideo y alentaron conjunta y desaprensivamente la intervención extranjera, con el objetivo preciso de desalojar al jefe de la Confederación que representaba, además, "una garantía para la integridad territorial siempre amenazada, y suponía barrer un obstáculo contra la fragmentación", que llegó a preocupar seriamente al general José M. Paz, aun antes de Caseros, cuando expresaba sus temores fundados en la experiencia contemporánea de Polonia, según confesión epistolar a Domingo de Oro con fecha 22 de junio de 1851 (Julio Irazusta, *Vida política...*, tomo VIII, p. 325).

Si se recuerda este descollante, aleccionador y a la larga dramático episodio, se podrá entender cómo los excesos que se adjudican al dictador tienden, en definitiva, a justificar lo que los contemporáneos de Urquiza ajenos a la intriga consideraron una flagrante traición. Es que a partir de esa disfrazada defección, la Argentina no sólo perdió territorios propios desde la configuración virreinal sino que regaló, tempranamente, el espacio y la influencia que Brasil, gradual e inteligentemente, supo conquistar desde entonces. Todo ello sin tener en cuenta la lealtad de Rosas para con el Imperio, cuando evitó entrometerse en la cuestión interna y aprovecharse de los intentos separatistas de los riograndenses; es decir, contribuyendo a debilitar al vecino tradicionalmente hostil.

El derecho a la libre navegación de los ríos, que Rosas no reconoció a las potencias bloqueadoras entre 1845 y 1848, Brasil lo logró en Caseros sin disparar un tiro, lo mismo que el reconocimiento de la independencia del Paraguay, consentida aun cuando Rosas nunca la aceptó apelando a fuertes argumentos histórico-jurídicos para preservar la antigua unidad territorial que respondía, además, a una formidable lógica geográfica. No me imagino a los Estados Unidos animados de semejante espíritu de desprendimiento.

Para ubicar las cosas en el debido contexto deben recordarse, entonces, las gestiones conjuntas de unitarios y brasileños en Londres, encarnadas, entre otros, por Florencio Varela y el conde de Abrantes con los propósitos insurgentes de marras, dañando así severamente las posibilidades de perpetuación del auge que sobrevino ni bien arreglada la paz con Inglaterra y Francia. El progreso que se había apoderado de la Confederación antes del pronunciamiento de Urquiza fue expresamente reconocido por Juan Bautista Alberdi y por Mariano Fragueiro, desmintiendo así los rivales del dictador las imposturas sobre decadencia y atraso con que sus adversarios habían inundado los medios con sediciosos propósitos.

Fragueiro, quien acompañó a Urquiza en carácter de ministro de Hacienda de la Confederación, en 1846 había llegado a sostener las ventajas del sistema financiero de la época de Rosas y que estaban dadas las condiciones para la democracia y el socialismo que él mismo profesaba, a pesar de ser un importante y exitoso hombre de negocios. Por si quedaran dudas agrega: "...Rosas es un hombre severo, pero eminente, idóneo para gobernar al indócil pueblo del que es dictador..." (Julio Irazusta, *Vida política...*, tomo VII, cap. 99). Treinta años de contratiempos entre 1852 y 1880 parece que deberían moderar las expresiones maniqueas en contra y a favor de uno y otro período.

Bien, si resulta grave esconder, parcializar, tergiversar aspectos del pasado con fines inconfesables, es ostensiblemente lesivo para el futuro de la República, por ejemplo —como lo entendió también Sarmiento—, esconder experiencias diplomáticas relevantes, en cuanto no sólo forman parte del acervo cultural del país, sino en tanto sirven para dar continuidad a los objetivos nacionales, cuya consecución debe garantizarse por todos los medios. No afirmaría esto si la extraordinaria experiencia y los logros diplomáticos de la Confederación, con Felipe Arana como canciller y el concurso de Sarratea, Manuel Moreno, Alvear, Baldomero García, Tomás Guido y otros en la diplomacia, no hubieran sido virtualmente ignorados, en vez de exhibidos como acervo testimonial de nuestra experiencia en el campo de las relaciones internacionales.

Si la Argentina no hubiera merecido reconocimientos por su desempeño en el ámbito mundial, difícilmente el eminente Andrés Bello hubiera expresado su admiración respecto de Baldomero García, embajador en Chile en diversos momentos, y menos en obsequio de Rosas —para él, "el gran americano"— por su inquebrantable voluntad en defensa de la integridad territorial de nuestro país y del ejemplo que supo dar en la gesta contra la ofensiva imperialista, cuya agresividad consumó casi contemporáneamente la fragmentación de la República de Colombia y la República Centroamericana. Esto es tan así que la misma amenaza de atomización territorial la denunció tempranamente el general José M. Paz —no precisamente un aliado de Rosas— en la carta ya mencionada a Domingo de Oro, en la que resulta patética la descripción de las circunstancias que dominaban la escena internacional, y vale la pena recordarlas.

La desfiguración de Rosas no sólo fue, digámoslo así, pasiva, esto es, desconociendo o negando su terca voluntad para impedir el loteo del país y defenderlo de agresiones internas y externas, y el mérito de haber fundado una diplomacia cuyos logros también fueron celosamente escondidos. La aventura se extendió a cuestiones vinculadas a su personalidad moral, aunque resultara refutada por adversarios insospechados de parcialidad en su favor. Las versiones sobre su precaria formación intelectual quedan desmentidas no sólo examinando su copiosa correspondencia y las opiniones de quienes lo conocieron (véase, al respecto, la documentada obra de J. L. Busaniche), sino también consultando el *Cuaderno* difundido por Fermín Chávez, donde, a través de anotaciones, se dispone de un inobjetable testimonio de lo contrario. Pero de paso, si de carencias de doctorados se trata, debe recordarse que varios padres fundadores en los Estados Unidos, al igual que entre nosotros, se educaron con tutores caseros y solitarias lecturas, sin que ello les impidiera llegar a construir las instituciones de una formidable nación.

Los cuestionamientos respecto de la honestidad, no vale la pena siquiera referirlos. José A. Terry, cincuenta años después, se encargó de desmentirlos y ha llegado a ponderar sus manejos presupuestarios, del mismo modo que Alberdi subrayó la disciplina monetaria y la administración eficiente de la deuda pública, según puede constatarse en sus *Escritos económicos*.

Si no dispusiéramos de los testimonios vinculados a la discusión para definir los términos de la condena a Rosas en la Legislatura provincial, tal vez el lector no creería que fue en ese momento —en 1857— cuando se elaboró y propuso, por iniciativa del diputado Nicanor Albarellos, la estrategia condenatoria del Restaurador, cuya perpetuación continúa hasta hoy. Se trató de la discusión del proyecto que condenaba a Rosas en carácter de "reo de lesa patria...", buscándose, al mismo tiempo, indemnizar "a los perjudicados por las persecuciones... con los bienes del tirano que se venderán en subasta".

Ahí el legislador —que no era, precisamente, una figura de segundo orden— proclama sin el mínimo pudor que el tirano bárbaro y cruel no era "considerado lo mismo por las naciones europeas y civilizadas...", y agrega con igual desenfado "que es necesario, pues, marcar con una sanción legislativa declarándolo reo de lesa patria, para que siquiera quede marcado este punto en la historia, y se vea que el tribunal más potente, que es el tribunal popular, que es la voz del pueblo soberano por nosotros representados, lanza al monstruo el anatema... Juicios como éstos no deben dejarse a la historia...". Parece que es la manipulación la que debería gobernar la interpretación del pasado y adulterar la cultura para torcer el curso normal de las cosas.

Lo que resulta sorprendente es cuando el diputado —en pleno recinto legislativo— se interroga acerca de qué se podrá decir cuando se viera "que las naciones civilizadas del mundo, para quienes nosotros somos un punto... han reconocido en ese tirano un ser digno de tratar con ellos... que la Inglaterra le ha devuelto sus cañones y saludado a su pabellón... Este hecho conocido sería un gran contrapeso si dejamos a Rosas sin este fallo". La Francia misma que instó la cruzada "...saludó su pabellón con cañonazos... Yo pregunto, si este hecho no borrará en la historia todo lo que podamos decir...".

Ahora bien, donde la tergiversación resulta manifiesta, ostensible, es cuando Nicanor Albarellos afirma algo que sorprendería a los espíritus que, como diría Cicerón, parecen firmemente "amurallados contra la verdad". Tal el caso cuando manifiesta: "No se puede liberar el juicio de Rosas a la historia...", no puede liberarse a la historia el fallo del tirano... Lancemos sobre Rosas este anatema, que tal vez sea el único que pueda hacerle mal en la historia, porque de otro modo ha de ser dudosa su tiranía y sus crímenes... "¿Qué se dirá en la historia cuando se diga que Brown, el héroe de la marina en la guerra de la Independencia, era el almirante que defendió los derechos de Rosas?" "¿Qué se dirá en la historia sin este anatema... cuando se diga que el general San Martín, el padre de las glorias argentinas, le hizo el homenaje más grandioso que pueda hacer un militar legándole su espada?"

Por fin, vale la pena repetir una expresión del mismo legislador, porque allí la impostura y la irresponsabilidad adquieren singular trascendencia, sobre todo si se advierte la falsedad que supone la exhortación: "Si el juicio de Rosas —agrega— lo librásemos al fallo de la historia, no conseguiremos que Rosas sea condenado como tirano y sí, tal vez, que fuese en ella el más grande y el más glorioso de los argentinos". Este reconocimiento, hecho aun al calor de los acontecimientos sediciosos que condujeron a la derrota del Restaurador, debería servir de brújula para que los espíritus refractarios modifiquen los criterios predominantes, pues, con Caseros, también "se acabaron los tiempos heroicos de la patria", según el testimonio inobjetable de Sarmiento ante los cumplidos de amigos que lo felicitaban con motivo de su setenta y cinco cumpleaños ("Sarmiento", por José Luis Menéndez, *Los Andes*, Mendoza, 12 de septiembre de 2004).

Cuando el doctor Horacio Sanguinetti, rector del Colegio Nacional de Buenos Aires, le endosó a Rosas haber manifestado el carácter tiránico y perjudicial de la educación popular para la "plebe insolente", asume una posición que no guarda correspondencia con su merecido prestigio, básicamente por dos motivos. Primero, porque la fuente documental es una carta fechada el 12 de mayo de 1872, dirigida a su antigua amiga Josefa Gómez (*La Nación*, 11 de diciembre de 2004) bajo condiciones y circunstancias personales extremadamente difíciles. Al respecto, me permito recordar que, a la sazón, el dictador tenía ochenta años y desde hacía tiempo sufría angustias y dificultades personales reconocidas, que bien podrían haber afectado su ánimo. En segundo lugar, el doctor Sanguinetti debería recordar, siguiendo al eminente Edmund Burke, que a los políticos —y Rosas lo era— no debe juzgárselos según sus palabras sino, fundamentalmente, en virtud de sus realizaciones. Probablemente cierta ofuscación le impidió al Rector contemplar que la enseñanza entonces fue sobresaliente, según resulta de algunos indicadores que ofreceré a continuación; todo ello más allá de la enjundiosa tarea confirmatoria que en ese sentido llevaron a cabo el profesor Jorge María Ramallo y algunos antecesores no rosistas, como Antonio Salvadores.

Desgraciadamente, ese enfoque parece responder a una técnica *ad usum* como la que reiteradamente en otros terrenos ha utilizado el doctor Mariano Grondona con el mismo objetivo de desacreditar al Gobernador de Buenos Aires. Así lo hace —sin dejar margen para la duda, aparentemente— en la columna del 10 de octubre del 2004 en *La Nación*, donde llegó a afirmar: "que Rosas se había negado sistemáticamente a reestructurar la deuda... que es nefasto salirse del mundo financiero internacional como lo hiciera Rosas... [y] que nuestro aislamiento internacional amenaza, como en tiempos de Rosas, con otro largo estancamiento...".

Las afirmaciones comentadas han sido reiteradamente desmentidas por historiadores que se han ocupado específicamente de los mismos temas. Como se dice y se documenta en el texto, Rosas pagó servicios de Baring, trató con esta banca a través de Manuel Moreno para que abogara por el levantamiento de los bloqueos para tener capacidad de pago y satisfacer los compromisos pendientes y, finalmente, durante la larga gestión del Gobernador —que además estaba a cargo de las relaciones exteriores—, las dificultades económicas (que no necesariamente implican estancamiento) derivaron del estado de guerra interna y externa permanente. No obstante, se ha destacado el auge que sobrevino después de los acuerdos de paz tres años antes de Caseros, según testimonios inobjetables de emigrados que volvían atraídos por las nuevas condiciones imperantes.

Bien. Esa digresión es válida por cierta familiaridad de las técnicas condenatorias y la desviación de los contenidos respecto de la realidad en que esos juicios se inspiran. Veamos el caso de la enseñanza, como se decía entonces, para contemplar el tema de la educación en aquellos turbulentos períodos.

Primero, con criterio histórico —es decir, examinando la cuestión en el debido contexto espacio temporal— debo recordar que en Inglaterra la educación de las clases laboriosas todavía en 1847, según Thomas Macaulay, era lamentable y el analfabetismo enorme. En Francia, recién en 1833 se autorizó el establecimiento de escuelas elementales en todas las comunas y hasta 1881-1882 no se implantó la educación libre, laica y obligatoria. En los Estados Unidos, por su parte, la situación no era mejor. En 1850 se registró el doble de analfabetismo en blancos que en 1840 (cf. J. Irazusta, *Vida política...*, tomo VII, cap. 97). Según puede apreciarse, el tema era conflictivo y complicado en todas las latitudes —y estamos citando como ejemplo a tres metrópolis imperiales—, sin embargo, parece que aquí se lo encaró, contemporáneamente, razonablemente bien.

Segundo, tal fue la preocupación por la enseñanza que Rosas aumentó el sueldo de los maestros en 1831 que Rivadavia había disminuido con anterioridad. Mario César Gras (J. Irazusta, ob. cit.) puntualizó que de 1830 a 1831 el presupuesto de enseñanza primaria bonaerense había aumentado el 20 por ciento. Pero, además, al mismo tiempo el gobernador aceptó el plan de reformas presentado por Pedro Vidal, Vicente López y Planes, Avelino Díaz y Pedro De Angelis, quienes integraban una comisión designada por Viamonte en 1829.

Tercero, para estimular a los alumnos se incrementó significativamente el número de premios anuales y se promovió la inscripción de niñas en la matrícula, lo mismo que la fundación de escuelas de campaña para acompañar el crecimiento de la población rural. En el caso de la supresión de partidas para la universidad, Antonio Salvadores lo niega, aduciendo que si fuera así "los establecimientos hubieran quedado suprimidos, los libros de la universidad aparecerían en blanco...". Durante el período rosista, entre 1830 y 1852, "en medicina por ejemplo, se graduaron 223 alumnos"; en cambio, en los veintidós años siguientes, esto es entre 1853 y 1875, sólo se registraron 140 alumnos que culminaron sus carreras. Resulta curioso destacar que durante la época de Rosas no sucedió nunca lo que ocurrió en 1853, cuando sólo se registró un graduado.

Para concluir el tema, es interesante conocer la nómina de graduados, por ejemplo, en derecho, para identificar calidad y cantidad: Carlos Tejedor, Luis Sáenz Peña, Bernardo de Irigoyen, Rufino de Elizalde, Manuel Ugarte, Miguel Navarro Viola, Vicente Quesada, Manuel Trelles, Juan Agustín García, Pastor Obligado, Federico Pinedo, José Benjamín Gorostiaga, Delfín Huergo, Juan Francisco Seguí; y en medicina lo hicieron: Justiniano Posse, Alberto Larroque, Modestito Pisarro, Guillermo Rawson, Ventura Bosch, Claudio Mejía, Claudio Mamerto, Salustiano Cuenca, González Catán y Julio Fernández. Debería subrayarse que la dirigencia argentina hasta 1900, que involucra a las famosas generaciones del 70 y del 80 del siglo XIX, cursó todo o parte de sus estudios durante la gestión de Rosas.

El tema Camila O'Gorman ha vuelto nuevamente al ruedo, por cierto, con los vicios de origen e interpretaciones torcidas según opiniones recientes en la sección cartas de lectores del diario *La Nación*. Si no fuera por la amplia circulación de la fuente no cuestionaría apreciaciones ligeras de la señora Lucía Gálvez, refutadas correctamente en el mismo medio por la señora Esther Soaje Pinto. Es cierto que se trata de un tema remanido, pero su amplia difusión merece algunos párrafos.

Rosas intervino como gobernador, a instancias del canónigo provisor general, don Miguel García, de modo que no lo hizo de oficio. La fuga de una joven con el sacerdote de la Iglesia del Socorro, Uladislao Gutiérrez, escandalizó a la sociedad, pues los delitos cometidos reclamaban reparación legal, habida cuenta que se lesionaba los intereses del Estado, de la Iglesia y de la misma sociedad. El enfoque romántico suele ser incorrecto porque, además de la fuga —como ya lo recordé—, se registró un robo calificado de sacrílego.

Las transgresiones de marras, según los doctores consultados, estaban contempladas en el Fuero Juzgo, el Código Gregoriano y en normas específicas incluidas en la Recopilación. El robo de objetos sagrados, según esa legislación, merecía pena de muerte y así lo reconoció el grupo de juristas integrado por Vélez Sarsfield, Lorenzo Torres, Baldomero García y Eduardo Lahitte. Sólo éste se opuso a la pena capital, pero no por razones jurídicas sino religiosas. La presencia de Vélez Sarsfield y su posición las acredita el trabajo "The doomed struggle of Camila", publicado por Irish Centre of Migration Studies. Debo agradecer al profesor Enrique Picotto, residente en Alemania, esta información.

La prensa manejada por los emigrados en las naciones vecinas no fue ajena al desenlace, pues aprovechaba el infortunado episodio para hostigar al gobernador de Buenos Aires. *El Comercio del Plata* de Montevideo afirmaba, el 5 de enero de 1848, que esos sucesos divertían a los de Palermo (casa de Rosas). En otro suelto (Julio Irazusta, *Vida política...*, tomo VI, p. 383) reproduce el mismo método hostil: "¿Hay en la tierra castigo bastante severo para el hombre que así procede con una mujer cuyo deshonor no puede reparar casándose con ella?". Lo mismo sucedía en Chile y en Bolivia con iguales intenciones: empujar una sanción ejemplificadora, básicamente con vistas a debilitar a la autoridad nacional, denunciando audazmente la "corrupción" del medio social como herramienta de descrédito y de presión política.

Finalmente, como una forma de sensibilizar al público, se apeló al tema del supuesto embarazo de Camila, como complemento ideal para magnificar la responsabilidad de las autoridades, que paradójicamente no habían recibido pedidos de clemencia sino todo lo contrario. El tema ha sido largamente desmentido y estudiado con seriedad. Por ejemplo, Julio Irazusta (ob. cit., tomo VI, p. 387) menciona el expediente abierto en Corrientes, donde consta que el doctor Guillermo Gibson, médico de Goya, luego de examinar "prolijamente a Camila, no le registró" el embarazo incluso cuando en el informe "no escapaban detalles aún de los más aparentemente insignificantes" (*sic*). *Veritas filia temporis*.

La esquizofrenia, recurrentemente, agrega eslabones para alcanzar la imposible misión de ratificar imposturas largamente desmentidas. Es verdad que el revisionismo no culminó su tarea esclarecedora frente a la hostilidad, resistencia, poder e intransigencia de la versión condenatoria del federalismo de Rosas. El gran problema que suscita enfoques enrarecidos como los predominantes es que distorsionan la realidad y de allí la identidad de una nación y de su cultura. Es que quien no conoce con alguna certeza de dónde viene, difícilmente puede saber adónde va.

Cada tanto aparecen trabajos que salpican más o menos manifiestamente al Gobernador de Buenos Aires o a su obra, inclusive en casos donde parece que las dudas han sido definitivamente zanjadas. El tema Facundo Quiroga y sus relaciones con Rosas parecía un tema suficientemente esclarecido. Sin embargo, un nuevo ensayo, suscripto por doña María Inés Cárdenas de Monner Sans, lo trata no sin algún elevado subjetivismo, como por ejemplo cuando denuncia que la desaparición del caudillo riojano convenía, entre otras cosas, al Restaurador para postergar la sanción de la Constitución que tanto desvelaba a los unitarios, aun en inconvenientes circunstancias de conmoción interna o externa.

Dos cosas son necesarias precisar. Quiroga era una pieza clave en el tejido político rosista para llegar a una verdadera confederación. Para ello, servía como punto de partida el eje constitucional básico que fue el Pacto Federal del 4 de enero de 1831 y la constelación de tratados que lo acompañaron. Por lo demás, el riojano constituía un valuarte en una zona caliente, donde la insurgencia unitaria, con el general Paz a la cabeza y su Liga en el Norte, amenazaba severamente la unidad nacional. Por último, Quiroga había llegado a entender que en las circunstancias apremiantes que habían llevado a Rosas al poder —plebiscitariamente— por segunda vez, verdaderas razones prácticas no parecían aconsejar como prioritaria una convención constituyente.

Si se examina la atmósfera del conflicto interno y externo imparcialmente desde la asunción del dictador hasta Caseros, se comprenderá, como lo entendió el general De Gaulle en su tiempo, que la unidad nacional y la pacificación del país estaban primero. Por supuesto, existieron entre Rosas y Quiroga desencuentros, al igual que entre éste y Estanislao López, pero dónde no, y los Estados Unidos son un testimonio de sus conflictos iniciales.

Bien. Para finalizar estimo que todavía el *dictum* de Ramón J. Cárcano, para nada partidario de Rosas, es definitivo sobre el particular, por lo cual lo reproduzco a continuación: "La desaparición de Quiroga representa la pérdida de una fuerza activa y avasalladora. Es un colaborador poderoso y dócil. Nunca contraría ni sus principios ni su conducta. La Constitución del país es la bandera que mantiene las luchas ardientes y sangrientas. Ambos compañeros están de acuerdo en dictar la Constitución *oportunamente* [el destacado es nuestro] (...) En una sola mano [Rosas dispone por medio de Quiroga] de nueve provincias. Desaparecido Quiroga, quedan libres los caudillos menores y surge el peligro de las rivalidades de predominio y anarquía disolventes" (*Juan Facundo Quiroga*, de R. J. Cárcano, citado por Julio Irazusta, *Vida política...*, tomo II, p. 314). El autor agrega luego: "los indicios que [Rosas] recoge, nos convencen —sigue Cárcano— de la culpabilidad de los Reinafé...".

No puedo concluir este epílogo sin agregar que Albarellos y los intereses políticos que representó hace un siglo y medio, en definitiva, no han podido prosperar, al menos pacíficamente. Pero lo más curioso es que un contemporáneo, el general Bartolomé Mitre, un vehemente enemigo del gobernante depuesto, haya adornado su biblioteca con el retrato del Restaurador. Probablemente el gesto suponga un razonable agradecimiento, habida cuenta que cuando era un niño don Juan Manuel le salvó la vida frente a dificultades difíciles de superar (Félix Luna, *Bartolomé Mitre*, colección *La Nación*, Buenos Aires, 2004).

BIBLIOGRAFÍA GENERAL

Alberdi, Juan B., *Obras escogidas*, Luz de Día, Buenos Aires, 1956.
Alexander, Bevin; Lee, Robert E., *Civil War*, Adams Media Corp, Nueva York, 1998.
Busaniche, José L., *Rosas visto por sus contemporáneos*, Eudeba, Buenos Aires, 1973.
Bosh, Beatriz, *Urquiza y su tiempo*, Eudeba, Buenos Aires, 1971.
Brands, H. W., *The Life And Times Of Bejamin Franklin*, Anchor Books, Random House, Nueva York, 2000.
Burgin, M., *Aspectos económicos del federalismo argentino*, Solar-Hachette, Buenos Aires, 1969.
Bunkley, A. W., *The Life Of Sarmiento*, Princeton University Press, Boston, 1952.
Burton, Richard F., *Campos de batalla del Paraguay*, Librería El Foro, Buenos Aires, 1998.
Cady, John F., *La intervención extranjera en el Río de la Plata*, Lozada, Buenos Aires, 1943.
Campobassi, José S., *Mitre y su época*, Eudeba, Buenos Aires, 1980.
Chávez, Fermín, *La cultura de Rosas*, Estrella Federal, Buenos Aires, 1999.
Croce, Benedetto, *Filosofía práctica*, Anaconda, Buenos Aires, 1942.
Cuccorese, H. J.; Panettieri, J., *Argentina. Manual de historia económica y social*, Macchi, Buenos Aires, 1983.
Díaz Araujo, Enrique, *Los liberales*, Facultad de Ciencias Políticas, Mendoza, 1980.
— *Don José y los chatarreros*, Ediciones Dike, Buenos Aires, 2001.
Eisenschimil, D.; Newman, R., *Civil War*, Mallard Press, Nueva York, 1993.
Ellis, Joseph, *Founding Brothers*, American History Research, Washington DC, 1997.
Ferns, H. S., *Gran Bretaña y la Argentina en el siglo XIX*, Solar, Buenos Aires, 1968.
Follari, Rodolfo, *120 años de la Procuración del Tesoro*, Eudeba, Buenos Aires, 1983.

Garraty, John A.; Gay, Peter, *Thecolumbia History Of The World*, Harper And Row, Nueva York, 1986.
Goñi Demarchi, C.; Scola, J.; Berraondo, G., *Rosas, Washington, Lincoln*, Theoría, Buenos Aires, 1996.
Hamilton, Neil A., *Presidents*, Checkmark Books, Washington DC, 2001.
Harris, Bill, *The Presidents*, Portland House, Washington DC, 1990.
Irazusta, Julio, *Vida política de Juan Manuel de Rosas a través de su correspondencia*, Trivium, Buenos Aires, 1970.
Irazusta, Julio, *Breve historia de la Argentina*, Editorial Independencia, Buenos Aires, 1981.
Irazusta, Rodolfo, *Escritos políticos*, Editorial Independencia, Buenos Aires, 1993.
Johnson Paul, *A History Of The American People*, Harper Collins, Londres/Nueva York, 1997.
Lascano, Martín V., *Don Juan Manuel de Rosas. Juicio reivindicatorio*, Freeland, Buenos Aires, 1975.
Levene, Ricardo, *Historia de la Nación Argentina*, Academia Nacional de la Historia, Buenos Aires, 1960.
— *Manual de historia del Derecho*, De Palma, Buenos Aires, 1968.
Luna, Félix, *La época de Rosas*, La Nación, Buenos Aires, 2003.
Lynch, John, *Juan Manuel de Rosas*, Emecé, Buenos Aires, 1984.
Mc Cullough, David, *John Adams*, Simon And Shuster, Nueva York, 2001.
Maffei, Alberto J., *Crónica de las grandes batallas del Ejército Argentino*, Círculo Militar, Buenos Aires, 2000.
Morgan, Edmund S., *Benjamin Franklin*, Yale University Press, Nueva York, 2002.
Maritain, Jacques, *Filosofía de la Historia*, Club del Libro, Buenos Aires, 1956.
Menéndez y Pelayo, Marcelino, *Historia de los heterodoxos españoles*, Emecé, Buenos Aires, 1950.
Merriman, Roger B., *Carlos V. El Emperador*, Espasa-Calpe, Madrid, 1949.
Morris, J.; Morris, R., *Encyclopèdia of American History*, Harper-Collins, Nueva York, 1996.
Oliver, Juan Pablo, *El verdadero Alberdi*, Dictio, Buenos Aires, 1976.
Palacio, Ernesto, *Historia argentina*, Peña Lillo, Buenos Aires, 1957.
Pellicer, James, *El Facundo*, Editorial Trilce, Buenos Aires, 1990.
Perret, Geoffrey, *Ulysses Grant. Soldier and President*, Modern Library, Nueva York, 1997.

Piccirilli, Ricardo, *Rivadavia y su tiempo*, Peuser, Buenos Aires, 1960.
Rosa, José María, *La caída de Rosas*, Theoria, Buenos Aires, 1958.
Russell Young, John, *Around the World with General Grant*, The Johns Hopkings University Press, Nueva York, 2002.
Saldías, Adolfo, *Historia de la Confederación Argentina*, El Ateneo, Buenos Aires, 1942.
Sánchez Sorondo, Marcelo, *La Argentina por dentro*, Sudamericana, Buenos Aires, 1987.
Sarmiento, D. F., *Obras completas*, Universidad de La Matanza, Buenos Aires, 2001.
Sierra, Vicente, *Historia Argentina*, Ediciones Culturales Argentinas, Buenos Aires, 1962.
Tapie, Víctor L., *France in the Age of Louis XIII and Richelieu*, Cambridge University Press, Londres, 1988.
Tocqueville, Alexis, *Democracy in America*, Penguin, Nueva York, 1974.
Vianna, Helio, *Historia do Brasil*, Melhoramentos, Río de Janeiro, 1980.
Washington, George, *Farewell Address*, Us Government Printing Office, Washington DC, 1989.
Wilson, Vincent, *The Book of the Founding Fathers*, An American History Research, Washington DC, 1997.
Wilson, Vincent, *The Book of the Presidents*, An American History Research, Washington DC, 1997.
Zuleta Álvarez, E., *El nacionalismo argentino*, La Bastilla, Buenos Aires, 1973.

ÍNDICE DE NOMBRES

Aberdeen, lord: 97.
Abrantes, conde de: 101, 153.
Abrantes, Miguel C., conde de: 153.
Adams, John Quincy: 79, 87.
Adams, John: 60, 114, 117, 127.
Agüero, Julián Segundo de: 35, 125-126, 131.
Aguinis, Marcos: 57, 61.
Albarellos, Nicanor: 18, 155-157, 165.
Alberdi, Juan Bautista: 12, 16, 27, 31, 36, 40-42, 49, 58, 80, 92, 105, 107, 121, 127-129, 133-134, 153, 155.
Alonso, Rogelio: 13-14.
Alsina, Adolfo: 109.
Alsina, Valentín: 120, 131, 135.
Alvear, Carlos María de: 19, 97, 131, 154.
Alzogaray, Álvaro de: 127.
Anchorena, Tomás de: 19.
Arana, Felipe: 97, 108, 127, 154.
Aranda, conde de: 78.
Artigas, José Gervasio de: 85, 126-127.
Avellaneda, Marco: 47, 79, 115.
Avellaneda, Nicolás: 47, 108.
Balestra, Juan: 111.
Balmes, Jaime: 30.
Barba, Enrique: 69.
Barrere, Rodolfo: 56.
Barsky, Osvaldo: 48, 52-53, 59, 133.

Beethoven, Ludwig van: 64.
Belgrano, Manuel: 32, 128.
Bello, Andrés: 19, 154.
Bertoni, Lilia Ana: 24, 100.
Bevin, Alexander: 89.
Bismarck, Otto von: 119, 130.
Blaquier, Carlos Pedro: 25, 38.
Bloch, Marc: 149.
Bohdziewicz, Jorge C.: 66.
Bolívar, Simón: 31, 40, 122, 131.
Bonaparte, Napoleón (el Gran Corso): 149-150.
Bonura, Elena: 48, 53.
Borges, Jorge Luis: 80.
Bosch, Beatriz: 31, 127.
Bosch, Ventura Pedro: 161.
Botafogo Gonçalvez, José: 31.
Bowles, William: 124-125.
Bracht, Ignacio: 56.
Brands, H. T.: 33.
Brown, Guillermo: 127, 157.
Buchanan, James: 97-98.
Bunkley, Allison W.: 67, 121.
Burgin, Miron: 40-41.
Burgos, Otto: 94.
Burke, Edmund: 114, 158.
Burnet Merlin, Alfredo: 39.
Burr, Aaron: 118.
Busaniche, José Luis: 40, 155. .
Bustos, Juan Bautista: 79, 126.
Cady, John F.: 54.
Calamaro, Eduardo S.: 83.
Calhoun, John: 98.

Campobassi, José S.: 42, 99.
Cané, Miguel: 109.
Caponnetto, Antonio: 52.
Cárcano, Miguel Ángel: 52.
Cárcano, Ramón J.: 164-165.
Cárdenas de Monner Sans, María Inés: 163.
Cardozo, Mariano: 31.
Carlos III, de España: 78.
Carlos V, de Alemania; Carlos I, de España: 130.
Castelot, André: 150.
Castelli, Juan José: 83.
Castro, Félix: 128.
Catalina II la Grande, emperatriz de Rusia: 130.
Catilina, Lucio Sergio: 61.
Cavia, Feliciano de: 19.
Cavour, Camilo, conde de: 130.
Cervantes, Miguel de: 27.
Cicerón, Marco Tulio: 61, 157-158.
Civit, Emilio: 109.
Cortes Conde, Roberto: 48.
Corvalán Mendihilarsu, Dardo: 36.
Cresto, Juan José: 25, 47, 88.
Criscenti, Joseph: 104.
Croce, Benedetto: 13, 27, 139.
Cromwell, Oliver: 130.
Cros, Philippe: 110.
Cuccorese, Horacio J.: 48.
Cuenca, Salustiano: 161.
Chaneton, Abel: 35.
Chavez, Fermín: 69, 155.
Chiaramonte, Juan Carlos: 53.
Chilavert, Martiniano: 132.
Chomsky, Noam: 137.
D'Amico, Héctor: 20.
Darwin, Charles: 70.
De Angelis, Pedro: 19, 127, 160.

De Gaulle, Charles: 56-57, 164.
De Marco, Miguel Ángel: 100.
De Moussy, Martín: 132.
Del Carril, Salvador María: 35, 69, 131.
Del Valle, Aristóbulo: 59.
Dellepiane, Antonio: 135.
Di Tella, Torcuato: 92.
Díaz Alejandro, Carlos F.: 46-47.
Díaz Araujo, Enrique: 46, 79-80, 120-122, 125.
Díaz, Avelino: 160.
Dickinson, John L.: 60.
Dickson, Jorge: 100.
Dilthey, Wilhelm: 30.
Djenderedjian, Julio: 48.
Dodero, Alberto: 110.
Dorfman, Adolfo: 133.
Dorrego, Manuel: 69, 79, 126, 131, 144.
Dujovne Ortiz, Alicia: 54.
Echagüe, Pascual: 36.
Echeverría, Esteban: 26, 80, 101, 124, 129.
Elizalde, Rufino de: 161.
Ellis, Joseph: 118.
Etchepareborda, Roberto: 127.
Fernández de la Mora, Gonzalo: 24.
Fernández, Julio: 161.
Ferns, H. S.: 32, 37, 40, 42, 97.
Ferré, Pedro: 53, 114.
Fillmore, Millard: 98.
Follari, Rodolfo: 49.
Font Ezcurra, Ricardo: 68.
Forman, Milos: 64.
Fraga Iribarne, Manuel: 56-57.
Fragueiro, Mariano: 109, 133.
Fragueiro, Mariano: 153.
Franklin, Benjamin: 33, 105.
Frías, Félix: 129.

Frigerio, Rogelio: 26.
Furlong, Guillermo: 84.
Gálvez, Jaime: 87, 103-104.
Gálvez, Lucía: 161.
Gallatin, Albert: 117.
Gandía, Enrique de: 19.
García, Baldomero: 19, 127, 154, 162.
García, Juan Agustín: 161.
García, M. R.: 68.
García, Manuel José: 19, 128.
García, Miguel: 161.
Garibaldi, Anita: 54.
Garibaldi, Guiseppe: 54.
Garzón, Eugenio: 104.
Gates, Bill: 53.
Gerchunoff, Pablo: 92.
Germani, Gino: 95.
Gibson, Guillermo: 163.
Gómez, Josefa: 159.
Gómez, Valentín: 131.
González Arzac, Alberto: 35, 81, 114.
González Catán: 161.
González Espul, Cecilia: 107.
González, Joaquín V.: 83.
Goñi Demarchi, C. G: 98.
Gore, Robert: 132, 135-136.
Gorostiaga, José Benjamín: 161.
Graham-Yooll, Andrew: 39, 68.
Gramsci, Antonio: 140.
Grant, Ulysses: 88-89, 120.
Gras, Mario César: 160.
Grondona, Mariano F.: 158.
Guido, Emilio: 59.
Guido, Tomás: 127, 154.
Gutiérrez, Uladislao: 37, 161-162.
Halperin Donghi, Tulio: 22, 99.
Hamilton, Alexander: 86, 116, 118, 123, 128-129.
Hegel, Georg Wilhelm F.: 30.

Hemings, Sally: 117.
Henriquez Ureña, Pedro: 67.
Hernández, José: 102, 109.
Herrera y Obes, Manuel: 104.
Horacio (Quinto Horacio Flaco): 69.
Huergo, Delfín: 161.
Ingenieros, José: 12, 80, 143.
Irazusta, Julio: 23, 34, 38, 58, 69, 81, 124, 152, 153, 160, 162-163, 165.
Irazusta, Rodolfo: 23.
Iriarte, Tomás de: 134.
Irigoyen, Bernardo de: 19, 94, 111, 127, 161.
Jackson, Andrew: 82, 134.
Jaspers, Karl: 18, 150.
Jefferson, Thomas: 60, 79, 114, 116-117, 127.
Johnson, Paul: 105.
Johnson, Samuel: 32, 89.
Jorge III, rey de Inglaterra: 33.
Korn, Alejandro: 93.
Kundera, Milan: 46.
Lahitte, Eduardo: 19, 162.
Lanata, Jorge: 135.
Larroque, Alberto: 161.
Lascano, Marcelo R.: 9-10, 43, 78, 92.
Lascano, Martín V.: 12.
Latorre, Pablo: 81.
Lavalle, Juan G.: 25, 35, 37, 79, 126, 131.
Lee, Robert: 88-89, 120.
Lefebvre de Becourt: 66.
Levene, Ricardo: 111.
Lincoln, Abraham: 33, 98, 120.
List, Federico: 115, 123.
Liszt, Franz: 64.
Londoño, Luis: 29, 31.
Longobardi, Marcelo: 64.

López Jordán, Ricardo: 102.
López y Planes, Vicente: 127, 160.
López, Estanislao: 69, 127, 164.
López, Lucio V.: 93.
López, Vicente Fidel: 36, 65, 109, 117.
Lugones, Leopoldo: 27.
Luna, Félix: 37, 55, 59, 86, 99, 114, 124, 165.
Lynch, John: 35, 36, 52, 71, 107, 120, 126.
Llach, Lucas: 92.
Macaulay, Thomas Babington: 159.
Mackau, Ange Armand de: 97.
Madison, James: 79, 86, 114, 127, 129.
Maffey, Alberto: 98-99.
Magariños Cervantes, A.: 70, 143.
Mallea, Eduardo: 111, 143.
Mamerto, Claudio: 161.
Mansilla, Lucio N.: 100, 127.
Mansilla, Lucio V.: 81-82.
Maquiavelo, Nicolás: 135.
Marco, Carlos R.: 26, 70, 134.
Maritain, Jacques: 28.
Mármol, José: 129.
Marshall, John: 33.
Martel, Julián: 111.
Martínez, Pedro Santos: 132, 135.
Mason, George: 60.
Massot, Vicente: 132.
Mauá, Irineu Evangelista de Souza, vizconde de: 101, 103.
Mayer, Jorge: 58, 107.
Mejía, Claudio: 161.
Meli, Rosa: 39.
Menéndez y Pelayo, Marcelino: 28.
Menéndez, José Luis: 157.
Merchensky, Marcos: 25.
Mitre, Bartolomé: 22, 42, 49, 88, 99, 104, 107-109, 117, 165.
Monroe, James: 87, 114.
Monteagudo, Bernardo de: 84, 119.
Montesquieu, Charles-Louis de Secondat, barón de: 31, 82.
Montezani, Néstor Luis: 135.
Moreno, Manuel: 19, 39, 48, 127, 154, 159.
Moreno, Marcelo: 49.
Moreno, Mariano: 83-84, 128-129.
Mozart, Wolfgang Amadeus: 64.
Muñiz, Francisco Javier: 52.
Myers, Jorge: 126.
Navarro Viola, Miguel: 161.
Newland, Carlos: 35.
Neyra, Juan Carlos: 128.
Nolfi, Luis María: 37.
Nolfi, Martín Miguel: 37.
O'Donnell, Mario (Pacho): 108.
O'Gorman, Camila: 18, 36-37, 161-163.
O'Sullivan, John L.: 105.
Obligado, Pastor: 161.
Ochoa, Arturo Luis: 14.
Oliver, Juan Pablo: 48, 127.
Oría, Salvador: 111.
Oribe, Manuel: 42.
Oro, Domingo de: 152, 154.
Ortega y Gasset, José: 28, 64, 97.
Orwell, George: 13, 137.
Pacheco y Obes, Melchor: 26.
Pacheco, Ángel: 127.
Palmerston, Henry John Temple (lord): 68.
Panettieri, José: 48.
Paredes, Rogelio C.: 27.
Parish, Woodbine: 32, 47-48, 52, 101.

Pasquali, Patricia: 13.
Payne, Thomas: 60, 121.
Paz, José María: 63, 68, 79, 126, 134, 152, 154, 164.
Peco, José Luis: 14, 28.
Pedro I el Grande, zar: 130.
Pedro II, emperador de Brasil: 108, 151.
Peel, Robert: 107.
Pellicer, James: 65.
Pelliza, Mariano: 84, 126.
Peñaloza, Ángel V. (Chacho): 36, 102.
Pereyra, Carlos: 54.
Perón, Juan D.: 27.
Petit de Murat, padre: 65.
Pezzoni, Enrique: 80.
Picotto, Enrique: 162.
Pinedo, Agustín de.: 127.
Pinedo, Federico: 161.
Pisarro, Modestito: 161.
Ponsonby, John: 126. .
Posse, José: 93.
Posse, Justiniano: 161.
Prebisch, Raúl: 49-50.
Puiggrós, Rodolfo: 24, 94.
Quesada, Ernesto: 14, 23, 30, 36, 59, 117.
Quesada, Vicente: 23, 161.
Quevedo y Villegas, Francisco de: 69.
Quintana, Manuel: 50.
Quiroga, Facundo: 18, 48-49, 55, 69, 81, 127, 163-165.
Quiroga, Marcial I.: 39.
Ramallo, Jorge María.: 35, 158.
Ramírez, Francisco (Pancho): 127.
Ramos Mejía, José María: 39, 67.
Rappoport, Mario: 49.
Rato de Sambuccetti, Susana I.: 103.

Ravignani, Emilio: 34.
Rawson, Guillermo: 81, 161.
Reinafé, hermanos: 165.
Richelieu, Armand Jean du Plessis, cardenal de: 130.
Rivadavia, Bernardino: 33, 35, 80, 125-126, 128-129, 142, 160.
Rivarol (Antoine Rivaroli): 24.
Rivera Indarte, José: 36.
Rivera, Andrés: 63.
Rivera, Fructuoso: 42.
Roca, Julio A.: 84, 109, 116, 128.
Rocha, Dardo: 109.
Rodríguez Bustamante, N.: 95, 105.
Rojas y Patrón, José María: 19.
Rojas, Mauricio: 61.
Romero, José Luis: 55, 100.
Romero, Luis Alberto: 24.
Rosa, José María: 83, 96.
Rosas, Juan Manuel de (el Restaurador): 12-13, 15, 18-19, 24-28, 30, 32, 34-42, 46-61, 65-71, 79-81, 84, 87-88, 96, 98-110, 114, 118-120, 123, 125-128, 131-136, 140, 142-144, 149, 151-165.
Ruiz Moreno, Isidoro: 96, 99.
Russell, Roberto: 109.
Saavedra, Cornelio: 126-127.
Sabsay, Fernando: 26-27.
Sáenz Peña, Luis: 50, 161.
Saldías, Adolfo: 22-23, 59, 117.
Salieri, Antonio: 64.
Salvadores, Antonio: 158.
Salvia, Gabriel: 61.
Sampay, Arturo E.: 55.
San Martín, José F. de: 13, 27, 32, 46, 87, 91, 100, 106, 119-121, 125, 131, 144, 157.
Sánchez Sorondo, Marcelo: 84.

Sanguinetti, Horacio: 56, 158.
Saraví, Mario G.: 97, 123.
Sarmiento, Domingo F.: 12-13, 27, 31, 41, 47, 60, 63, 66-68, 79-80, 83-85, 88, 91-92, 102, 104, 106-108, 121, 124, 127-128, 153, 157.
Sarratea, Manuel de: 19, 131, 154.
Sastre, Marcos: 36.
Scobie, James R.: 24, 52-53.
Schumpeter, Joseph Alois: 53.
Sebreli, Juan José: 26.
Seguí, Juan Francisco: 161.
Seligman, Edwin: 24.
Sevares, Julio: 22.
Shumway, Nicholas: 24, 66, 129.
Sierra, Vicente: 23, 128.
Smith, Adam: 123.
Soaje Pito, Esther: 161.
Southern, Henry: 68.
Spengler, Oswald: 27.
Stowe, Harriet: 69.
Sulé, Jorge O.: 97.
Taine, Hipólito Adolfo: 29, 47.
Tau Anzoategui, Víctor: 81.
Tejedor, Carlos: 104, 161.
Terry, José A.: 39, 50, 155.
Thorne, Juan Bautista: 127.
Tocqueville, Alexis de: 78, 82.
Tokatlian, Juan Gabriel: 109.
Torres, Lorenzo: 19, 162.
Touraine, Alain: 61-62, 112.
Trelles, Manuel: 161.
Tucídides: 49.

Ugarte, Manuel: 161.
Urquiza, Justo José de: 12-13, 16-17, 25, 102-106, 126-128, 133, 144-145, 150-152.
Varela, Florencio: 35, 101, 106, 129, 131, 153.
Varela, Juan Cruz: 35, 129.
Varela, Luis: 129.
Vázquez Presedo, Vicente: 93.
Vélez Sarsfield, Dalmacio: 19, 35, 47, 110, 127, 129, 162.
Viamonte, Juan José: 160.
Vianna, Helio: 92.
Victoria I, reina de Inglaterra: 48.
Victoria, Marcos: 95.
Vidal, Pedro: 160.
Villafañe, Wenceslao: 81.
Virgilio: 14, 69.
Waisman, Carlos A.: 94.
Washington, George: 33, 79, 82, 86, 91, 98, 105, 114, 116-118, 120, 127, 129, 131.
Wenzohoug, Zhou: 20.
Whitman, Walt: 118.
Wilson, Thomas Woodrow: 124.
Xiaoping, Deng: 19-20.
Young, Russell: 89.
Zalduendo, Eduardo: 130.
Zeballos, Estanislao: 94, 107-108, 111.
Zedong, Mao: 20.
Zinny, Antonio: 104.
Zorraquín Becú, Ricardo: 123.
Zuleta Álvarez, Enrique: 10, 41.